韓国無教会双書　第４巻

日記１
１９３０―１９３４年

金教臣著

金振澤・他訳

皓星社

凡例

一、本巻は『金教臣全集』（耕智社・ソウル、一九七五年刊　第五巻日記上）の一九三〇年から一九三四年の四年分の日記の金教臣の文章と一部読者の手紙を収録した。著者は一九三〇年五月、第一六号から『聖書朝鮮』誌の主筆として、単独で編集・発行を担当して以来、毎月雑誌の巻末に近況報告を兼ね近辺雑記、その時々の感想や出来事を「城西通信（活人洞居住時代）」として掲載していた。

一、むずかしい漢字にはルビ、地名や用語などには（注・）を付した。

一、本文中、現在は不適切とされる用語を使っているが、当時の表現として原文どおり使用していることをお断りする。（例　南鮮《ママ》、癩病《ママ》）

一、著者などが毎年年末から年始にかけて行っていた聖書集会について、原本では「冬期集会」や「冬期講習会」、「冬期聖書集会」などその時々により、いくつかの名称が使われているが、本書ではすべて、「冬期聖書集会」に統一した。

一、本巻の本文中、物の値段がふれられているが、今のわが国で、どの位の金額になるか参考に例示する。ただし、朝鮮と日本とでは物価その他の差もあることを考慮すべきである。一九三五年当時の日本の大学卒業者の初任給が九十円、米十キロ（標準米）が二円五十銭。日本銀行金融研究所貨幣博物館によると、物にもよるが、当時の一円が現在の二千円から三千円に相当するとのこと。なお、朝鮮では紙幣は朝鮮銀行券と日本銀行券が使われ、交換比率は一対一、ただし、朝鮮銀行券は内地（日本）では使えず、硬貨は共通であった。

一、朝鮮の地方行政区域は、「道―府（市）・郡・島―邑・面―町・洞・里」であり、邑は人口二万人以上五万人以下の行政区域。朝鮮の行政区画は一九三四年四月当時、十三道、十四府・二一八郡・二島、五一邑二三三七四面であった。

一、朝鮮の距離の単位は、里（一里は四〇〇メートル）の他にキロメートルも併用、その他面積や重さなど日本と同様である。

一、「日記」の翻訳の半分は金振澤氏が、残りの半分は、砂上麻子、曹貞烈、遠山明夫・森山浩二が手分けして訳し、全体の調整を森山が担当したものである――監修者付言。

目次

日記1

（一九三〇〜一九三四年）

一九三〇年

五月

○鄭相勲兄が事情によって、本誌の編集に全力を尽くすことができなくなった。それで、実のところ兄が単独で経営していたにも等しい本誌は、その存廃問題に直面したのであった。前の四月号が休刊になったのもそのためでした。

○第十六号からは代わって（注・理由の一つとして本「双書」第2巻二五五頁を参照）私がその任に当たることになった。執筆者はこれまでと変りないが、雑誌に関する一切の責任を私個人で担うことになり、改めて躊躇を覚えずにはおられなかったが、今後本誌に対するお叱りや恥辱は、私独りで受ける覚悟を決めた。

○先ずは躊躇ということについて。本来伝道者はその使命を受けて立ち、雑誌の発行がまたそうであるのは当然なことである。しかし、本誌は鄭相勲兄も使命に立って編集したのではなかったし、私もまた他に職業を持つ者である。元来本誌は、創刊当時から特別な啓示と特殊な使命を宣揚しようとして始めたのではなかった。謂わば、我々の信仰生活の余滴を集めたものに過ぎなかった。その点は今後も変わらないだろう。それ故、この種の雑誌が継続できるかどうかは問題にしないことにした。

○世の中には慈善事業家として活躍する特別な人物が居り、一国には、子々孫々愛国者として他より優れた家系があることを知っている。しかし、慈善事業はその方面の専門家に一任して、国家民族のことは特定の一門閥に任せて安心せよという道理はない。また、慈善事業の中で、神の言葉を宣べ伝えることよりも大きな事は無いのを知っているから、専門家の目にはおかしく見えるかも知れないが、どのような小さな事であってもこれからも続けるであろう。
○しかし、この雑誌を幾百号の記念号まで続けようという成算も無く、どうしても成功させようとの執念もない。ただ内から溢れるものがあれば寄せ集めて発行をつづけるであろうし、無ければ何時でも廃止するまでである。
○本誌は「創刊の辞」（注・「本双書」第2巻十一頁）にあったように農夫や漁夫を友とすることを目的としていたが、これまでは余りにも難しいとの注意を受けることも少なくはなかった。また、学識をひけらかすという非難もあった。たしかに未熟なところもあったろう。また一方では世の中の智者と教会内の大家たちが、我々を肉においてはユダヤ人の中のユダヤ人であり、生後八日目にどうこうして、学業では誰なにがしの門下で学んだことなどを列挙し、批判していることも事実である。

注＊以下の文章はフィリピ人への手紙三章五節～六節を用いて、金教臣たちが朝鮮人としてキリスト教愛国を唱え、無教会主義者・内村鑑三に学んだことを公言し活動していたことへの、教会側の批判があること指す。

○これからは十字架以外の論争には参加しないことを強く決心した。新進の学者と批評家がどう言おうと、我々は聖書に戻って行こう。特にこれまで教会に関わったことがなく、しかし、キリスト教を知りたいと願っている兄弟のことを考えて、聖書を学ぼうと思う。今号に、鄭兄の「旧約と新約」（注・『聖書朝鮮』第十六号に所収』）という一文を掲載したが、これはそのような趣旨を実現したものである。
本誌を伝道用に使おうという方には、旧号は一部十銭で頒布できます。広く活用されることを願います。
○昨年、晩秋のある日の夕暮れ、『聖書朝鮮』社に思いがけない客が来訪された。西大門外孔徳里と言えば黄海道出身者たちが集まって麹《こうじ》造りをしている所だと世の人が思っているが、そこへ南崗李昇薫先生（注・朝鮮のキリスト教独立運動家、教育者。南崗は号。）がお越しになられたのだから、これこそ賓客ではないだろうか。来られたお客は七十歳の長老であり、迎える側の我々はまだ志も立たない青年であれば、まことに恐縮至極であった。鄭相勳兄が独りで（柳錫東、金教臣は不在中）接待している間に、東に見える京城刑務所が先生の一生にとって記念すべき場所（注・一九一九年三・一独立運動の宣言書の中心人物逮捕、一九二二年七月まで三年、獄中生活をした）であった事、信友会（注・一九二九年組織された朝鮮キリスト教の連合的な団体）の龍頭蛇尾であることを痛惜されるなど、二、三の話しをして帰られたという。

○その後、数日が過ぎた一九二九年十二月十日（日）午後六時に、我々は鄭相勳、柳錫東の両兄と共に、安国洞のある旅館に南崗先生を訪ねた。返礼という意味よりは、積もりつもった敬愛の情を表わすためであった。先生は我々を終電車で帰れるようにして下さった。かって内金剛で十日間を過ごして外金剛に向った時、山上で東海（注・朝鮮における『日本海』の呼称）の清風を一口に呑み込んだように胸をふくらましたような気分で、麹造りの孔徳里に帰って来た。私が南崗先生にお会いしたのはこれが初めてであった。ああ、そして、これが最後の対面になろうとは！

○一九三〇年五月十七日の朝、鄭相勳兄と共に活人洞製塩所の角を過ぎ、人間の生地獄を象徴する刑務所の鉄門の前を通り、十分ほどで歩いて行ける孝昌公園の松原の露を踏みながら京城駅に駆けて行った。骨標本にされるために大学病院に運ばれる南崗先生の遺骸に、最後の敬意を表するためであった。機関車の後につながった霊柩車が白旗を翻《ひるがえ》しながら駅の構内に進入してきた時、敬礼よりも自分の胸を鎮めることに集中せざるを得なかった。南崗先生の骨の標本を指さしながら教える教師と、壇下でこれを見上げながら筆記する生徒の光景を想像しているうちに、南山は霧で喪服を纏《まと》い、霧雨《きりさめ》降る肌寒い雨風に愁心の深まりゆくソウル城内を経て、先生の霊柩車は一路大学病院内の解剖室に向った。

○本号（一九三〇年六月十七日第一七号）は、意外にも南崗先生の記念号になった。また我々の恩師内村鑑三先生の追憶文が載った。載せられなかった分は次号に掲載するつもりである。

○五月二十五日午後二時に、韓泳哲君の追悼会を開いた。君の祖母、母親、未亡人と、まだ初めての誕生日も迎えていない嗣子の東九君も出席した。現代青年である君は、生前は信仰を持っていたようでもなく、君の性格から見ても外貌を見ても信者のような点は一つも無かったが、病床についてから亡くなるまでの君の霊魂は主イエスに極めて近く、深い悔い改めの涙を流し、また、友人に祈りの執りなしをしてくれと頼み、病苦と死の恐怖から解き放され天国に行った夢を見て、あたかも自分の故郷にでも帰って行くかのように、喜こび勇んでこの肉体の幕を離れ去った。今、君は一にも信仰、二にも信仰と言って言葉だけで呼ばわる人を恥じさせるために死に、神の御胸に抱かれて心安らかに居ることであろう。

六月

○長い間ためらって来た市内集会を、六月一日（日曜日）午後二時に宗廟近くで開くことにした。集会室はバラック小屋であり、現代の教会堂文化からはかけ離れているが、我々朝鮮人信者には相応しく人数も少数で、多数が力であるとする現代思潮に遅れること甚だしいが、イエスだけに従う我々にはとても相応しいものであった。讃美歌を歌い祈る間、天より我々の心の中に力が降《お》りて来るようであった。

ちょうど雨がしとしとと降《ふ》って世の中の騒音がなくなり、我々の霊魂は静かに上昇して行った。真理と霊をもって神を礼拝できるように祈り、また聖書の深い泉から生命の水を何時でも飲めるように祈るのみである。

六月八日(日) 午後に第二回目の集会を市内で行なった。今回は実科商工学院の教室で。今日から一般に公開した。司会は金教臣、「聖書研究会の態度」について話した。まず第一に、会場を使用させてくれた実科商工学院に感謝した。「きつねにも穴があり空を飛ぶ鳥にも巣がある」(マタイ八・二〇)のに、これまで、我々には集会をする場所が無かった。我々の善きサマリヤ人は、中央キリスト教青年会でなくて実科商工学院であった。感謝すべきことである! 第二に、我々は特別な使命を受けて大運動を起こそうとする者ではないので、自分はもちろん、他の人も我々に過大な期待をかけないようにしてもらいたい。毎年千三百万円もの酒・タバコの税は払いながらも、二千万円で開設できる(民立)大学がいつまでも開設出来ないのが朝鮮人の現在の実情である。

信友会も朝鮮で生まれたものであった。我々も朝鮮青年であるが、何に望みをかけようか。先人たちが書堂(注・漢文などを教えた私塾)で論語や孟子を講じていたように我々も聖書を講じながら、語る者と聴く者が力を合わせてなすべきことは、神が朝鮮に対してその御経綸の一端でも実施されるように、一心に祈ることだけである。第三に、我々の中に所謂《いわゆる》天才的な宗教家は居ないということである。特異な信仰体験をした者でなければ、宗教を語り得ないと思う人は来るに及ばない。我々は普通の凡夫、普通の教養で育ちながら数学、博物、物理、化学を勉強するように、キリスト教を学んで来た者である。今日の集会では柳錫東兄は「信者と十字架」という題目で、生れて初めて信仰の告白をしてくれた。第一コリント書第一章二十六節そのままの光景であった。鄭相勲兄は「ルカ福音書研究」の第一講、緒論として一～四節を話した。四福音書の比較、学問的知識が相当高かった福音書記者、また、福音書が歴史的な事実に立脚した伝記であることなどを論じた。それぞれ詳しく誌上に発表されるので、ここでは内容の紹介は省略する。

○柳錫東氏は去る四月から、京城府内昭格洞一五八番地に転居した。宋斗用氏は永同から五月十日上京して我々の信仰を助けることが多かったが、この六月初めに、全家族で東大門外昌信洞の旧居に帰って来た。楊仁性氏は平安北道の宣川で北境を守られ、咸錫憲氏は五山聖書研究会を単独で担当して指導している。兄弟たちの御加祷をお願いする。鄭相勲氏はまだ城西に留っている。

○孔徳里は麹職人の住む所だと四大門内（注・ソウル市内）の人たちが蔑視する時には、本社を引っ担いで孟母三遷の教えにしたがってここを離れようと思ったことも無くはないが、麹は三斗の粉を皆醗酵させる（マタイ一三・三三）という聖書の言葉通り、信仰の人を迎えるごとに孔徳里を捨てることができなくなり、「活人洞が本当に名前通りに活人洞になる日が来るだろう」とのある長老の言葉を思い出すたびに、その言葉を我々の祈りとして心に抱かざるを得なかった。活人洞は孔徳里内の一つの小さい区域である。しかし、泉の水は活人洞にだけ湧き出ている。孔徳里付近の千余世帯は、坂を越え谷間を越えてその水を汲みに集まる。それで、泉の周囲の様子は「ヤコブの井戸」（ヨハネ四・六）を連想させずにはおかない。活人洞の洗濯場は、洗濯物が特別に真白くなるというので、特にひどく汚れた洗濯物が皆集まって来る。夜の十二時になっても砧《きぬた》の音がやかましい。周囲に見えるものは草と木、宵には地潜蛙《じむぐりがえる》の鳴く声と蛍の見物、時に、川風に乗って吹いて来る野菜畑の土の臭い、草の香り、肥《こや》しの臭いなどが入り混じった臭いがする。鍾路商店街の文化の臭いよりは健全味があるというのが、城西の自慢である。

六月十五日（日）　実科商工学院で集会。宋斗用兄が司会を兼ねて「マルタとマリヤ」の題目で、ルカ福音書第十章三十八節以下を講じる。外面、行動、接待の問題よりは、内面、真理、信仰の問題の重且つ急であるとの聖書そのままの主張であった。鄭相勲兄は続いて、「ルカ福音書研究」の第二講で第一章五〜二十五節までの字句を解説した後、特に全人類の代表者として、救世主を証ししたバプテスマのヨハネの偉大さと祭司の息子ヨハネという簡単な事実の中に、律法と恩恵、旧約と新約の密接な関係を察知することができることを指摘する。終わってから、出席していた市内安国洞長老教会牧師・金禹鉉氏の祈りがあった。前の日曜日の第一回集会には、市内武橋町ホーリネス教会牧師裵善杓氏が出席して祈りの祝福をして下さった。

○昨日、長雨が激しく降り注いだ時、集会所である教室の屋根から泥水が落ちて麦わら帽子をぬらして心配だったが、今日は風とほこりとがひどくて、室内に座っていても道路に立ってるのと別に変らなかった。もちろん静粛であろうはずがない。我々はむしろ思いがけぬ幸わせとしてこういう場所を選んで来たのであるが、有り合わせの長い板で作った腰掛けに座り、満二時間も無味乾燥な講義を傾聴する会員に対しては同情せずにはおれなかった。世の中には広い会堂に安楽なイスを配置して、三十分未満の説教で来場者の満足を図ることに専念する教会も多いが、選《よ》りもよってこんな場所でこの苦労、この試練とは。主客が共に気遣う所である。

○しかし、最近の新聞をもう一度見よ。馮玉祥《ひょうぎょくしょう》（注・一八八〇〜一九四八、中国の軍人でクリスチャン・ジェネラルと呼ばれた）の居所が時間ごとに中央軍に通報されて、馮の専用自動車が到着する所には必ず中央軍の飛行機が影のように付いて回って爆弾を投下し、馮は装甲自動車以外では一晩の安眠も得られず、兵卒の軍服に鉋屑《かんなくず》の帽子をかぶったまま昼夜逃げまわって過ごすという。中国の半分に号令する者の日常がこのようである。バラック教室と長板の腰掛けの方がどれ程安楽なものであろうか。況んや、戦いの目的が何であるか？　馮は三日天下のために、あるいは三百万元（注・莫大なお金を表わす額の表現）のために、あのようなあらゆる辛苦を甘受しているではないか。我々は少なくとも馮将軍よりはもっと真実なことのために戦うのである。どうして彼より大きな苦痛が無くてよいであろうか。

六月二十二日（日）　いつものように実科商工学院に集合する。金教臣のマタイ福音書第七章一～五節の研究に続いて、鄭相勲兄が「受胎の知らせ」という題目で、ルカ福音書第一章の研究を続けた。マリヤの冒険と信仰に学ぶところ多大であった。

六月二十九日（日）　柳錫東兄の「信者の歩み」という黙示録第三章十四節以下の感話があった後、鄭相勲兄のルカ福音書第一章三十九～五十六節の研究によって、マリヤの讃歌の中で神の救いと宇宙経綸に関する深い真理を学ぶことができた。今日をもってこの研究会は当分閉鎖し、夏の間は楽園医院で簡単な集会を続けることにする。

宋斗用兄は、去る六月末に永登浦道林里に転居した。農業と土に親しむためである。

〇六月末のある日、清涼里郊外の典農里の稚松畑の傍で七十歳になる老農夫一人と会い、話し合うことが数時間、多くの教訓を受けることができた。その農場内に新しく掘った井戸が一つあった。老翁自身が独力で最近掘ったものだという。その井戸を掘るに至った動機はこうである。

「・・・・外国ではパナマ地峡も掘り起して運河をつくり四、五万トンの軍艦が往来すると言うのに、どうして井戸の一つぐらい掘れないと言えようか、恥ずかしくて・・・・」と言い、洞民の助力の申し出を断り独りで掘り始めて、百五十円は工賃がかかるだろうと言われたのを、五円の石材だけで完全に造りあげたのである。砂利と砂は老翁自ら背負子《しょいこ》をしょって運んだという。

ソウル市内は薬屋が多いのが特色であり、ソウルの城郭の周囲には薬水（注・山の岩のわき水）が多いことは奇観である。薬屋から薬屋へと渡り歩き、不老草の如き「強壮剤」や若返り薬を捜し求めて夕暮れの道を行く客たち、また、この薬水からあの薬水へと神の効能を祈願しながら徘徊する青白い青年たち。その願いの切実で大なるに比べて、その効能は少ないので、道行く人に同情せざるを得ない。

人参、鹿の若角と、アッバクコル（注・ソウル鍾路区の一薬水場）で霊妙な効力を得られなければ、彼らは早々に清涼里に行け。典農里で老農夫が掘った井戸水を捜して、胃袋と腸が一杯になるまで痛飲して見よ。すぐ近くの鶏舎の中で、眼光人を射るような老農夫一人に会えば、その井戸を掘る時の動機と掘った方法と使用した道具、老人の年齢とその身分とその日常生活を尋ねて見よ。ここの薬水の効能は特別あらたかで、夏負けしていた人は暑さがたちまちに吹き飛ぶだろうし、胃腸の弱かった人は食わなくても元気倍増し、勤労すればするほど疲れなくなるだろう。文化病と言われる神経衰弱症のようなものは、三十秒もたたないうちにすっかり治るのが分かるだろう。彼ら青白い学生はその水を飲めば学校に戻って優等生になるだろう。不良少年がこの水を味わえば、たちまち心と性格の改造を覚えるだろう。ソウル市民三十万がこの水を飲めば、その日がソウル市内の薬屋と医師は廃業に追い込まれるだろうし、朝鮮民族二千万人がこれを飲めば、その日がすなわち、朝鮮更生の日になるだろう。この薬水を飲むことを全ソウル市民に、全朝鮮の同胞に推薦したい。

七月

七月六日（日） 午後二時半から楽園病院で、夏期第一回集会を開いた。宋斗用兄がヨハネ福音書第六章三十二～四十節をもって勧め励ました。

七月十三日（日） 前と同じく楽園病院で集会。金教臣が第二テモテ書第二章七～十三節によって全人類を偽りとし、神のみを真実であると誉めたたえるよう提議する。

七月二十日（日） 午後二時半から前と同じく第三回の集会。鄭相勲兄がマタイ福音書第五章二十一～二十六節及びガラテヤ書第三章十三節によって、人間としては絶対絶望、キリストによる完全な救いを力説して、神の御言葉そのものの能力を示して我々の伝道方針とすべきことを簡潔に要約した。

七月二十一日（月） 夜十一時の汽車で宋斗用、柳錫東、金教臣の三人は五山と宣川に向って出発した。両方で二日間ずつ集会の予定である。

七月二十二日（火） 午前九時に宋斗用、柳錫東の両兄と一緒に古邑駅で下車した。駅の建物が低くて小さいのは、むしろそこを出入りされていた巨人（南崗先生）を思慕するに切なるものがある。幸いその足跡が風雨に洗い去られないうちに五山の土地に移され、その手垢の付いた跡が取り除かれないうちに、五山学校（注・戦前、平安北道定州五山面に独立運動家李昇薫によって設立された民族主義的中等教育機関）の門の取っ手に触れて見たいとの希望はここに達せられたのである。咸錫憲、李賛甲の両兄が五、六人の学生と一緒に二キロを越える道を出迎えられたのには恐縮した。夜八時半に咸兄宅で第一回『聖書朝鮮』誌の読者会を開いた。十四、五人に過ぎない小集会であったが、その中には十二キロの遠い所からわざわざ参加された兄弟もいた。私は使徒行伝第二十章十七節以下の講解を、宋兄は「聖書について」との題で述べるところあり、第一日を感謝のうちに終わる。

七月二十三日（水）　夜来の長雨によって、明け方帝釈山でする予定だった祈祷会が中止になったのは遺憾千万であった。午前十時から咸兄宅で第二回読者会を開いた。柳兄が「青年期のジョン・ミルトン」について、宋兄が「信仰の内容・昔と今」についてそれぞれ熱心に講述したので、前夜に倍する聖霊の宴に感謝した。この日の夜は当地教会の要請によって、水曜日の礼拝に参加した。自分は一行を代表して「真実な勇気」という題で、約三十分間説教を試みる。

七月二十四日（木）　朝、我々一行は五山を辞して北に向い、宣川に楊仁性氏を訪問した。まず当地の学校経営のビジョンの遠大なることと、南北教会堂の雄壮なるのに驚かざるを得なかった。信聖学校の金志雄先生とキリスト教青年会総務、呉翊殷氏及びその他の諸氏の好意と斡旋によって、二晩の集会をもてるようになる。

夜八時半からキリスト教青年会館で第一回集会をもつ。柳兄が「宗教詩人ジョン・ミルトン」について講じ、後を受けて、咸錫憲兄は「プロテスタントの精神」という題で、我々の信条と立場を明確に論じた。

七月二十五日（金）　第二回集会は講堂が狭いのときびしい暑さを避けるために、屋外で講演することにしたが、始めから準備が無かった上に初めて屋外講演を試みたので、後味が悪いどころではなかった。宋兄は「キリスト教の信仰」という題で、自分は「永遠の肯定」という題で、それぞれ所信を吐露した。一人として嘲笑する者が見られなかったのは、やはり朝鮮キリスト教の聖地と呼ばれる宣川であるなと思った。

七月二十六日（土）　明け方、宋、柳の両兄と一緒に出発までの時間を利用して鴨緑江の見物に出掛けた。まず新義州を一回りして徒歩で鉄橋を渡り、大陸の地を踏む感慨を深めながら安東の新旧市街をしばらく見て、三カ国語を自由自在に話せる商人達の国境地帯での生活は羨やましかった。砂糖一袋ずつ買って帰途に着く。ああ、我々も鴨緑江を渡ったのだ！　記者（注・金教臣）は途中五山で下車して、咸兄の引率する五山学校校友会主催の蝀龍窟、妙香山探勝団に参加した。

七月二十七日（日）　明け方、五山を辞して妙香山探勝の途についた。車中に五山の校友と我々が集まって相席すると、一行は十三人である。孟中里で乗換えて博川で下車した後はテント、炊事道具、その他旅装をそれぞれ分担して背負い、行列をなして歩くと、炎熱も退散するかのようだった。しかし、勇ましくは見えたが、それでも溶鉱炉のような炎熱には勝てなかった。博川市外東北方に四キロ余り離れた高防山の下、衛二里の川辺に第一日目のテントを張った時、我々と周辺住民との間に大きな口論が起こったことは、イスラエル民族の流浪史を連想させるのに充分であった。仕方なくテントを張るのを中止した。九竜江を渡航して鉄瓮城内に入ったのは九時過ぎであった。天幕を張り炊事する時間がなく、宿屋で一夜を過ごした。

七月二十八日（月）　朝、薬山東台に登り、寧辺歌曲を口ずさみながら万古の鉄瓮城に古武士の雄志を感じ、棲雲寺の霊泉で暑さを一掃した後、更に今日の行程にしたがい東北に向かい、日没と同時に清川江を船で渡り、川辺にテントを張った。

七月二十九日（火）　雨をおして球場の東南六キロ

の地点に、昨年以来世間に有名になった蝀龍窟を見学した。奇妙で勝れた景勝地として、東に金剛山、西に有る蝀龍窟という宣伝もあったが、鍾乳石筍、石灰窟の大規模なことなど、学徒の見学地としては他に得難いのは事実である。蝀龍窟の見物をもって今度の探勝の半分は終わったことになったので、一行中の数人は帰途に付き、妙香山に向かって前進するのを望む者だけ球場でもう一泊した。

七月三十日（水）　朝再び清川江を遡《さかのぼ》った。畑の番小屋に出会うと、まくわうりを割り勘で買って食べ、木蔭に入って午睡。このようにして普賢寺の宿屋に旅装を解いたのは午後九時過ぎであった。今日の旅程は二十八キロ。

七月三十一日（木）　朝方、朝鮮四大寺の一つといわれる普賢寺の境内を見学する。泗溟堂、西山大師の肖像だけが深い印象を与える。これから妙香山の山頂である毘盧峰まで四日間で往復する予定であったが、第一日目、檀君窟で気力が尽き果てた者が多数に上り、やむを得ず毘盧峰征服の宿願を放棄しなければならなかった。ああ！

八月

八月一日（金）　上原庵を見て帰途に着き、八月三日价川鉄鉱山を見学して解散した。

徒歩で約二百キロ、汽車で千五十キロの旅行であった。水の中でも貴重な井戸水は薬山棲雲寺の井戸水、寺の中で寺らしいのは妙香山の上原庵であって、僧侶らしい僧侶もその庵の寺で見た。地下金剛の蝀龍窟も奇妙であったが、同行するメンバーの心理の変化は一層奇々妙々である。眺めた毘盧峰は偉大であったが、自分と同行した者の中に一層崇高な者を見た。十数人の旅行であったが、そこに、イスラエルの民の不幸を見、そして、またモーセが居るのを見た。

八月十日(日)　鄭相勲兄と一緒に永登浦道林里の宋斗用兄宅に集まり、日曜日の集会をもつ。ちょうど成百庸氏も来訪中であった。宋兄の感話があった後、自分はヤコブ書第三章十七、十八節に関して講解した。霊感豊かに臨むのを覚える。我々が感動するのはやはり義と真理の問題である。単純な地蔵菩薩、ナムアミダブツではない。鄭相勲兄は今夜出発して南海に帰省。

八月十七日(日)　市内昭格洞の柳錫東兄宅で会合する。宋兄は「信仰生活徹底の必要」を提言するところがあった。信者は信仰だけで救いを受ける。これは少しも間違いの無い事実である。しかし「生活」、信仰通りの生活、朝鮮人らしい生活の実現、これは忘れられない課題である。我々はそれぞれの心中に向って、あたかも宣戦布告をしようとする帝国の御前会議のような厳粛味をもって話し合うことを余儀なくさせられた。

八月二十四日(日)　今日は集会がなかった。蓬莱寺(注・金教臣が在職していた蓬莱町にある養正高等普通学校の宿直室を、彼自身このように呼んでいた)で当直をしながら、カーライル先生に学ぶことが多かった。

八月二十五日(月)　午後に彰文社印刷所に行って第二十号の校正。前の八月号に誤植が多すぎたことを深く反省し、また発奮した。世間には読者の興味の最先端を捕らえることを生命とするか、雄渾な文筆で読者を魅了する雑誌が多い。あるいは団体や機関で経営を保証するもの、または天才的な鋭い筆鋒で霊魂を警醒する宗教雑誌もある。しかし、本誌はその中のいずれの才も持たなかった。ただ誠実を尽して活字の一つでも疎《おろそ》かにしないようにすることが最大の念願である。今日は宋兄の応援を得て、一字の誤植も残さないように祈りながら、校正に従事した。

八月二十六日（火）　今日も再び印刷所に行き、ようやく校正を完了する。大概、五回以上校正してやっと出来上がるのである。月一回二十四ページの小雑誌を発行するたびに、偉大な真理の示しを受けること多大である。このようにして雑誌発行の最大の利益は、読者よりも発行者がより多く受けることを知った。

九月

九月七日（日）　宋斗用、柳錫東両兄が活人洞本社に来訪して、新秋に開始する市内集会の準備のための祈祷会があった。自分はコロサイ書第一章一～十二節を講解した。

九月十四日（日）　夏休みの期間中休んでいた市内集会を、今日から再び開講する。今日は私が単独でマルコ福音書第十六章一～八節の研究。鄭相勲兄が南海に帰ってしまったので、研究会は全く素人の講義になる。非常にためらわれたが、「ふたりまたは三人が、わたしの名によって集まっている所には、わたしもその中にいるのである」（マタイ一八・二〇）という主イエスの約束を文字通りに信じ受けとめ、集会を続けることを決定した次第であった。

九月二十一日（日）　午後二時半から市内楽園病院で集会を開く。宋兄はガラテヤ書第一章十節の感話、柳兄はイザヤ書第五章一～七節の講解をする。集会後、会員の中から主人の張医師に診察を受ける人が居り、「安息日に善を行うのと、悪を行うのと、命を救うのと、殺すのと、どちらがよいか」と言って戦われた主イエスの御言葉がしきりに連想された。張礼世氏は内科、呼吸器科、物理療法科を専攻された方である。霊と肉とを共に健全にする恩恵を受けたことを感謝してやまない。

九月二十三日（火）　十月号の原稿検閲が終わったという通知に接し、警務局図書課へ行ってこれを受け取り、即刻、印刷所に届ける。いつでも編集者の手から原稿を直接印刷所に届けられる世の中に住んでみたいものだ。今回は時間をかけて編集してから、約二週間以上検閲のため警務局図書課に放置された後、ようやく印刷できるようになる。そのため、発行日が全く発行者の予定の埒外《らちがい》にあるので、発行者にはただ焦慮があるだけである。（注・総督府の検閲があることを暗に批判して述べている）

九月二十六日（金）　彰文社に行き、無味乾燥な校正係の任務を果たす。

九月二十八日（日）午後二時三十分に市内で集会。柳兄は新しく出席する青年たちのために、「環境と処世」という題目で一般修養講話を試み、私はローマ書第七章十三〜二十五節によって「霊肉の宣戦布告」と題して講義する。つまり、キリスト教の入門を提示した。

九月三十日（火）　昨日から今夜まで余暇を利用して、不慣れな雑誌発送の事務を終わった。少ない部数ではあるが一から十まで皆独りでしなければならないし、余った時間をやりくりしてすることであり、不器用なため相当に時間と労力もかかる。雑誌だと思えば二箇月も続けることは難しい。しかし、兄弟に送る手紙だと思えば、発送事務も事務とは感じない。誠意の無い読者は一人たりとも混入すべからずだ。

宋斗用兄は京仁線梧柳洞応谷に移転し農業に従事しているが、少し前に秋麦を種蒔きしたとの事。雑誌は検閲の関係で発行が遅れがちである。発行日を確実に守ることが困難な事情に置かれている事を、読者諸氏は諒察して下さるよう願う。

十月

十月五日（日）　午後二時半、市内楽園病院で集会を開く。私は「山上の垂訓」の緒論を講じ、宋斗用兄はヨナ書の研究。記者は今夜十時半発の列車で慶州に向う。

十月十二日（日）　午後市内で集会を開く。宋斗用兄はヨナ書の研究を継続する。自分は「山上の垂訓」第二講としてマタイ福音書第五章一～三節の講義をする。

十月十九日（日）　楽園病院の一室で集会を開く。宋斗用兄はヘブル書第十一章十三～十六節の感話。柳錫東兄は詩篇第三十七篇の研究。

十月二十日（月）　午後五時キリスト教中央青年会館で儒教、仏教、基督教、天道教など各種宗教の信徒たちの懇親会があるという通知があり、多くの期待と好奇心で病気を押してこの会合に出席した。この会の趣旨は「同じ朝鮮人ならばだれでも仲良くしなければならないのに、まして仁愛を説き大衆救済を志す宗教信徒間に、往々反目し対立するなどの矛盾した事実があるのを深く遺憾に思うこと」から発起されたものと某先生の説明を聞いていたので、大きな望みをもって参加したのであった。キリスト教内でも暗闘と分裂が止むところを知らない時に、仏教、天道教、儒教と共に人道と真理のために「誠」をもって人生を歩もうとする者が同じ歩調で和合しようとする動機を、だれが喜ばず、だれが賛同しないで居られようか。

しかし、懇親会はついに所謂《いわゆる》懇親会になってしまった。惑星がそれぞれ軌道に沿って空間を運行するように、会合した者数十人がそれぞれ自分勝手に運行して、衝突もなく触れあうこともなく、無事平穏な中にお互いの姓名三字を自己紹介し、雑煮《ぞうに》一杯ずつ食べて散会した。結局、前よりは多少親睦になっただろうと信じながら。

宗教家の集まりとして、最初に驚いたことは思想の枯渇であった。各宗派の老大家の会合に、高遠な談論を渇望しながら行った青年は非常に失望した。

二番目に驚いたことは真実の欠乏であった。局外者の所見として、相互の間に善意の忠告をすることはこの種の会合の特有な効能であろうし、また親睦増進の道であろうかと思ったが、苦言を交わすほどの真実さも見られなかったのは、期待が大きかっただけに淋しかった。三番目に驚いたことは言論取締の徹底性であった。警官の臨席がなかったのに、誰もが意識的に口を閉ざして語らなかった。これで真面目な民だと称賛されるだろうか。

しかし、懇親会での収穫は二つ程あった。第一は骨相学の実習であった。仏教信者に円満大智（注・人柄がおだやかで知恵があること）が見られたのは羨やましかったが、大智が俗化して狡猾さに変ったことはとても見られたものではなかった。天道教徒が素朴で健実に見えたのは大きな誇りであるようだったし、キリスト教徒が軍靴の踵《かかと》のように軽快でありり敏捷なのは、舶来品でもなければ見られない光景であった。

得る所の第二は、朝鮮の古典音楽と時調（注・定型詩で基本字数四十五字内外）を聴いて朝鮮の心臓の鼓動を感じたことであった。楽師の説明によると、朝鮮の古典音楽は全く仏教の信仰に由来したものだと言われる。朝鮮の音楽、彫刻、建築、詩歌、伝説、名山、大川、史跡、都城その何れも深い由来を仏教におかないものはない。

朝鮮にあるもので偉大で永久的なものは、すべて仏教の所産だと言っても過言ではないだろう。宗教を無視する者は、まず朝鮮の歴史を詳しく考えて見るべきである。宗教をもって立つ時に、半島に偉大な民族が生きていたのである。宗教無くして立つ時、その存続が危ぶまれるほど弱小な民になってしまったのだ。

十月二十二日（水）　昨日、永登浦から梧柳洞応谷に引っ越した宋斗用兄の農業の基地を訪問して、二家族が心を合わせて礼拝祈祷した。彼は今地球上で独り孤立し親戚も旧友も無く、都市文化の極度の発展を象徴する人工的な温泉別荘地帯である「梧柳荘」に背も向けて、勤労の汗を流す者にはそれにふさわしい衣食を与えられ養われることを信じて、それに頼る信仰者の生活を始めた。因習と体面から全く脱皮して、専業の農夫になろうとするのである。難しい事であり、また、羨やましい事である。

十月二十六日（日）午後三時半、市内で集会を開く。意外にも宋斗用兄が来会してルカ福音書第二章一～二十一節をもとに、貧賤の中で成長した主イエスを慕う感話をし、私は「山上の垂訓」第三講としてマタイ福音書第五章四、五節を講義する。

十月二十七日（月）昨日の新聞に、蔣介石氏がキリスト教に改宗して洗礼を受けたとの記事があったのを読む。軍人は軍人だが中国の軍人である。本当にイエスの讃嘆を受ける百卒長ほどの信仰があれば（ルカ七章）、蔣氏のために、また新興中国のために慶賀すべきである。

今日「『聖書朝鮮』を送ってほしい。．．．．君の信仰を知るためだ」という手紙が来た。かってその人から信者は祈りをさせてみると、その信仰状態が分かると断言するのも聞いた。彼らは皆神の特別な寵愛を受けて、兄弟の祈りでその信仰を診察し、雑誌でその信仰を判断する権威を持つ者と自ら信じている。その超高級な信仰に対しては敬意を表するだけである。

たしかに人は「聖霊に依って感じることなしには、イエスをキリストと呼ぶことはできず、新生しなければ天国に入れない」とは聖書の教えである。しかし、この聖霊とか新生とか言うのは、天才に付与された特別な素質ではない。十六億の人類のだれでも神の恩恵により新生することができるし、聖霊を感じることもできると思う。

荒野に叫ぶ声と紅海を二つに分けた杖をもつ者の

雄々しさと強硬なることを、今日の朝鮮で見られるのは大きな誇りである。しかし、優越した素質と特殊な賜物をもつことのできない平信徒は、その光景が漠然としか自覚できない時が多いことを如何にせんやである。

また、論者がかって言うに、「『聖書朝鮮』は遠く海外で発刊されたものであり、その筆者たちは学者として教会信者でないから朝鮮の教会を批判することはできない」と。まことに智き者である。彼がもし卵を研究するとすれば、まず卵殻の中に突入して卵の内部を観察したであろう。

また言うに、「少数である『聖書朝鮮』の同志が三十万教会信徒をどうして叱咤することができるか」と。しかし、総会と老会（注・長老派教会の各教区の牧師と長老の代表による会議）で、頭数をもって可否を決することによって利益を得た者には禍があるであろう。モーセがパロに対した時、ダビデがゴリアテを討った時、ルターがウォルムスに臨んだ時、コペルニクスが地動説を提唱した時、ダーウィンが進化論を発表した時、彼らは頭数など問題にしなかった。以上のような「分別のない」不信な言葉が神学校の機関紙に掲載されたのを見る時、我々はただただ溜息を漏らさざるをえない。

『聖書朝鮮』が教会を攻撃したとすれば、それは消極的あるいは部分的であって、やむをえない時に一言、言ったのだと思う。それを「朝鮮教会の崩壊を狙う攻撃」と言う。我々の言葉がそんな威力をもっているとは初めて知ったが、崩壊するものは崩壊するだろうし、崩壊しないものは攻撃しても崩壊しないだろう。少なく信ずる者の不安の甚だしいことよ。

十一月

十一月二日（日）　午後二時三十分から市内で集

会。「山上の垂訓」第四講で、マタイ福音書第五章六節を講義する。

十一月三日（月）午前八時から印刷所で第三次校正を終わってみたら、右眼が充血。

十一月四日（火）四日夜十一時半に雑誌第十一月号の発送事務を終わる。

十一月九日（日）午後の集会では「山上の垂訓」第五講、マタイ福音書第五章七節を講義する。

十一月十三日（木）夕方、金山氏来社。馬山独立イエス教会でだけ三年間働かれた貴重な経験談を聞く。

十一月十六日（日）昨日、午後三時過ぎ、楽園病院の張医師の代理人から電話で、急に集会の場所に支障が起こったので、他の場所に行くようにとの通知があった。

突然のことで市内に他の場所を求めることができなかったので、今日は活人洞（注・金教臣が住んでいた町）の本社で集会をする。「山上の垂訓」の第六講でマタイ福音書第五章八節を講義した。今日、楽園病院には定刻までに四、五人が来て突然の変更に驚いて帰ったそうである。参加しようとした兄弟に対して、事前に通知する時間が無かったことを心から済まなく思う。

十一月二十三日（日）本社で集会。今日から午前十時に始まる。宋兄が午前七時に應谷を出発して来てくれる。ルカ福音書第九章五十七～六十二節を講義してくれ、私は「山上の垂訓研究」の継続でマタイ福音書第五章九節を講じる。

十一月二十七日（木）第十二月号の検閲終わる。

十一月三十日（日）午前十時、本社で集会。マタイ福音書第五章十～十二節を講義。

十二月

十二月二日（火）午後三時から雑誌第十二月号を

校正する。数日前から活人洞の本社の一部を修理し、毎日曜日の聖書研究会に専用する一室が整備された。今まで奥の居間を使っていた時とは違って、誰でも自由に参加できるようになった。集会場は提供者があればその好意を感謝して使わせていただき、今回のことで、「すべての事が相働きて益となす（文語訳）」（ローマ八・二八）ことを悟り得て、憤慨することも恨みを抱くこともなく、ただ十字架を負って目標に向って駆けるばかりである。「きつねには穴があり、空の鳥には巣がある。しかし、人の子にはまくらするところがない」（マタイ八・二〇）と言われた方は、わが主イエス自身であった。

主の慰めに満足を感じながら、活人洞に帰って来たのである。今後当分の間はこの修理された四、五坪足らずの一室で、遠方より来る出席者がいる時には迎えて共に学び、共に祈り讃美しようと思う。

十二月三日（水）　午前、午後の二度、印刷所で校正し、午後八時半までに十二月号を校了する。読んだものを再読・三読する機械的な事務である点から見て、校正は無味乾燥なものである。しかし、全く没趣味なことでもない。やってみると初校、再校、三校と校正を重ねるごとに、混沌より整然に至る過程は他に比べるもののない快よい味がある。もし、私の習性と徳行にも活字のように顕著な校正を施すことができるならば、どれほどの快事だろうか。

十二月六日（土）　第十二月号の発送を済ます。修理した集会室を大掃除する。準備は欠けるところなくできた。

十二月七日（日）　本社に集会室ができた後、第一回の集会である。「山上の垂訓」第九講でマタイ福音書第五章十三～十六節の研究をする。室内に数十人の収容は充分可能で、無理をすれば百人近くが一緒に福音を聞けるようになった。庭前に孝昌公園の松林がうっそうとして、ガラス窓からは陽光が部屋一杯にさし、静粛なことも市内の比ではない。何をことさら市内を未練がましく思ったのであろうか。

今はただ私の志の無いことを恥ずかしく思い、高遠な真理の内容の無いことを憂慮しながら、来る日ごとにこの場所で聖書を学ぼうと思う。

今日来たアメリカと国内の読者からの手紙は、次の通りである。

アメリカから、

（前略）東洋の学生たちがこちらに来て大部分ヤンキー主義におかされるのに、小弟はアメリカ人の資本主義、帝国主義、人間差別に激しい反発を感じることを何よりも幸いな事と思います。そして、経済または道徳に於いても世界で最も汚い人種を捜す者があれば、アメリカ人に塩を塗り付けて突き出したいです。民主主義が生命であると誇る彼らの内面を見ると、極悪な階級主義があります。

使って余ったお金で宣教師を外国に派遣する彼らの生活内面を見ると、陳腐なこと話になりません。禁酒国だとは言うものの家ごとに酒を密造して飲み、あるいは、酒類密輸業者どもが政府の役人を買収して大規模に酒を売ると同時に、所謂ギャングの横行が甚だしくて犯罪率が驚くほど高いのです。その中でも小弟が一番頭を痛めるのはヤンキーたちの人種差別です。どの点から見ても、白人が黄色人種より優秀である証拠を発見できないのですが、彼らは高慢なのです。そして、何時でも優越感をもっているのには吐き気を催す時が多くあります。彼らの黒人に対する差別は、神、人ともに容赦できない罪であります。

南部では黒人に対してリンチ（私刑）が盛んに行われています。黒人が主人の言葉に従わないとか、不公平な待遇に抗議をする時は、白人女性を強姦したとの口実をでっち上げて彼らを捕らえて投獄した後、数百の市民が暴動をおこし監獄を襲撃してその黒人を引っ張り出して木に掛けて、蜂の巣のような状態にして射殺するのです。……こんなリンチが起こっても暴徒たちが誰であるか分からないと、何時も当局は語るだけで一向に取り締まろうとはしません。けしからんではありませんか。語ろうとすればきりがありません。小弟はできるだけこのような事件の真相を研究します。そして、アメリカ人社会の内面を観察して明らかにしようと思っています。云々。

読者からの手紙其一、

……兄上、私は馬山の『聖書朝鮮』誌読者の同志たちとこんな話を交わしたことがあります。「近代世界は宗教、芸術、科学の別なく皆商品化されてしまった。それだけでなく、わが朝鮮では所謂人格までも商品化されているではないか？　ところで、わが『聖書朝鮮』だけはこの朝鮮でひたすら真理を語っており、その上近代人がよく言う大衆本位、読者本位を離れて、ただ真理と生命を本位としている唯一無二の聖書雑誌であると。云々」。（馬山の読者）。

其二、

……そして小生の枯木のような心霊も、『聖書朝鮮』の生きた水によって信仰の根を下ろすことができたらと渇望してやみません。先生、小生は率直に告白します。小生が今日までキリストを学んだ方式や気持は、世の中の金持ちの子弟が豊富な富と時間とで学界に進出するのに全く似ていました。だが、今はキリストを学ぶのは世の中と正反対であるべきことを知り、また覚悟しました。逆境でキリストを学ばなければ、この生涯は失敗だとためらわずに言えるよ

うになりました。神よ、願わくは艱難困苦が臨む時、私があなたに一層近くならんことを……。（北青の一読者）

十二月十四日（日）　午後降雪　午前の集会で、「山上垂訓」第十講、マタイ福音書第五章十七～二十節。終わって学校へ行ったが、会えるであろうと期待する所では四週間も会えなかった人が、思いもよらない所にいるのを知って驚いた。今日第二十四号の原稿検閲済の通知に接する。十一日に提出したものが十三日付けで許可されたのだから、二日間ででき たわけである。このように早いのは、本誌が検閲されて以来初めてであった。

十二月二十一日（日）　今日は梧柳洞応谷での野外礼拝に行く。約束通り午前九時三十分、二、三の兄弟と共に鷺梁津に集まり、徒歩で応谷まで行く。約二時間の道のりである。正午から礼拝。マタイ福音書第五章二十一～二十六節を勉強して感想を述べ合う。午後四時、応谷を発ち、鷺梁津まで徒歩。孝昌公園を通りながら、十字形の白鳥座と天の川を相い隔てた牽牛織女（彦星と織姫）に同情し、固定している北極を目指している間に活人洞に帰り着くと午後七時。参宿（注・二十八宿〔星座〕の一つ、オリオン座の三つ星と、その付近の星とからなる）がちょうど孝昌公園の松林の上に昇った時であった。

十二月二十三日（火）　午後二時に印刷所に寄り、残業する職工と一緒に夜九時まで校正する。できなかったものを持ち帰って、翌日一時まで校正。

十二月二十四日（水）　朝、初校を終えて印刷所に届け、午後再び印刷所に寄り再校。午後四時半に第二十四号の校正を終わる。

十二月二十五日（木）　晴　クリスマスの朝。四時半に起きると聖歌隊が門前に到着した。

わが救い主　生まれし日

詩篇第十九篇はこの日の朝、わたしの詩《うた》となった。孔徳里、桃花洞、東幕の方で讃美の声が互いに呼応して、

諸人《もろびと》こぞりて　迎えまつれ
久しく待ちにし　主は来ませり
主は来ませり　主は来ませり

平和の君なる　御子を迎え
救主とぞ　ほめたたえよ
ほめたたえよ　ほめたたえよ

というそのままの光景であった。特に、刑務所の石垣の下で高唱する一団の歌の調子は、一層心を震えさせた。あの罪人が皆解放され、わたしの罪の鉄鎖が皆切れる日！　ああ、待望すべきその日。

今日午前、宣川から楊仁性君が上京し、宋兄も午前中に来社。宋兄と共にお礼の土産物を持って、市内楽園病院の張禮世氏を訪ね、これまでの好意に対

牧者が栄光を見る時
天使讃美されるに
イエスまことに生れ給う

わが君　わが主
人皆拝めよ
イエス・キリスト　わが主
ベツレヘムに　生まれ給う

歌曲もよいが、歌詞はなおさらよい。キリスト者に欠点、短所も多いだろう。しかし、この歌を唱う間は、皆天使である。

土露山に登ると、東の空、孝昌公園の松林の上には、金星が丁度さし昇り、中空を過ぎたところに、水星と木星がきらきらと輝いている。子犬座、双子座は西の空に、獅子座は南の空に、大熊座は北の空に、乙女座、狩人座は東の空に、それぞれ宝座の栄光を扶《たす》けている。

当分はこの程度で我慢する以外にない状況であることを、読者諸兄も諒察して下さることをお願いする。

する謝意を述べる。

十二月二十八日（日）　今年最後の集会。「山上の垂訓」第十二講で、マタイ福音書第五章二十七～三十二節を講じる。

十二月二十九日（月）　『聖書朝鮮』第二十四号の発送と市内の書店への配達。これで一九三〇年度の『聖書朝鮮』社の仕事は終わったわけである。出発した時と終わった時を考えると、こうして一年間歩んで来れたことが全て不思議である。『聖書朝鮮』に対して、時々創刊号から購入を希望する読者がいる。あるいは、その拡張充実を言って来る者もいる。しかし、現在の状況では、これに全て応えることはできない。ただ新しい年の正月からは紙質をより少し改善し、また、一行二十三字、二十行に組版するつもりである。このようにすることによって前よりも約三千余字は増加することになり、二十字十八行で組版した時より約四ページ半増加することになる。

一九三一年

一月

一月四日（日）晴　今年最初の日曜日である。年は過ぎ去り友も変るが、聖書研究は何時もの通り変らない。孝昌公園の松林に向って机に座し、「山上の垂訓」第十三講分の勉強をする。マタイ福音書第五章三十三〜三十七節である。何回で終わるかは分からないが、毎回、その真理の新しさと偉大さとには圧倒される思いを禁じ得ない。この聖書を学習する中に、量り知れない愉悦がある。これはまことに禁じることのできない喜びである。

預言者としての使命を自ら任ずるとか、伝道者として犠牲的な活動を始めるなどはとても望めないものである。もし、過去にそのように身の程知らずの態度があったとすれば、ある兄弟が忠告してくれたように、それは本音でなかったことを悔い改めて、ただ他に何の娯楽も持てない者が聖書の勉強にこれを求めて、家族と共にその喜びを分かち、少数の友にその消息を伝える程度に身を処することが新年の願いである。

使命感も無く義務感も無く野心も持てないので、本誌は無論事業ではない。言ってみれば娯楽とか道楽と称するのが一番合っているだろう。

一月十一日（日）晴　昨夜、零下二十二度で、この冬初めて最大の酷寒である。「山上の垂訓」第十四講、マタイ福音書第五章三十八〜四十二節を学ぶ。

一月十八日（日）晴　「山上の垂訓」第十五講で、マタイ福音書第五章四十三節以下の学びをする。この間、本誌に対して「伝道を戯《たわむ》れにもて遊ぶものだ」との抗議があった。驚きを禁じ得ず、まさか、そんな罪を犯しているとは知らなかった。しかし、私の信仰と聖書知識程度では、その批判は極めて納得し難いものがある。
このような時、次のような手紙は慰めを与えることと多大である。

私は信者ですが、私が信者になろうとしてなったのではなく、やむを得ず信者になった、神様が私を信者にされた。しかし、信者になって見ると、信者になったことほど幸福なことはない。このようにやむを得ず信者になった者には、先生がやむを得ず、『聖書朝鮮』誌を発行せざるを得なくなった気持が良く分かります。したくてするのでも、何か特別な天来の使命があって、あるいは金が多くあって事業として、また名誉のためにしているのでもない、ただ、やむを得ずするのではないでしょうか。するなと言われてもせざるを得ないことではないでしょうか。

すなわち、所謂専門伝道でもなく、時代に向った特別な預言者の声でもない、教会のための宗教改革の叫びでもなく、ただ、自らの内に信仰があるから、その信仰がその信仰を発表させるだけではありませんか？

自らの信仰を発表して信者に若干の利益を与え、自分の聖書知識を語って自分よりも知識のない信者に役立てばというのであれば、偽りの謙遜でなく、それは信仰の事実ではないでしょうか。云々。

自分で言うよりもっと詳しく述べている。この一文は、現在日本の大垣市で実際伝道している張道源氏が送ってくれたものである。別文の原稿と一緒に感謝をもって受け取り、今後も伝道の現場から嘉信が時々あるだろう。本誌は愛の産物であれば信仰告白、研究などの発表に、紙面を一般読者に提供している。

一月二十五日（日）　第十六講として、「山上の垂訓」マタイ福音書第六章一～四節を学ぶ。
一月二十九日（木）　第二十五号の発送を終える。

二月

二月一日（日）「山上の垂訓」第十七講でマタイ福音書第六章五～八節の勉強を終わったところに、正門をたたく二人の青年がいた。まず番地を捜すのに大変苦労したことを述べ、大きな建物の中で大先生が大集会を開いているものと思っていたのが、予想とは全く違ったとの表情であった。集まって何をするのかとの質問なので、「旧新約聖書を勉強するが、ちょうど書堂（塾）の先生の前で『論語』や『大学』を勉強するように旧朝鮮式であり、さらに楽器も無ければ聖歌隊も無く、一旦出席することに決めた後は無断欠席はもちろん、遅刻することも絶対許されない」と答えた。

また「法悦の境地に導く祈祷術も無ければ、心理学を応用した説教法も知らない。ただ教室で教科書を勉強するように、冷静な学習方式で聖書を学ぶだけだ」と語ったところ、青年たちはしかたなく聞いていたが、「故郷にいる友だちが余り何度も熱心に勧めたので、今日尋ねて来ました……こんなことと知っていたら、……」と彼らはあえて「……来るのではなかった」との結びの言葉が言えずに、ただ「……こんなことと知っていたら……」と繰り返しながら頭ばかりをかいていたが、「熱心に」勧めた友だちを恨むようにして帰っていった。

推量するに、地方に居る兄弟の中には自分の愛する友人が上京する時、何よりも聖書研究会に参加せよと「熱心に」勧める人もあるようだ。しかし、どうせ紹介するのなら、その内容まで言ってあげれば、後日失望させることはなかっただろう。我が集会の入口は広い門でなくて狭い門（マタイ七・一三）である。無断欠席、遅刻は絶対禁止であるから、その他は推して知るべしである。
真理の探求に真剣味が無くては互いに面白くない。旧約聖書を携帯する程の熱誠が無い信徒は始めからお断りである。もちろん、これは伝道の方法としてはまずいことはわかっている。もともと我々の集会は、所謂伝道集会的ではなかった。

二月八日（日）「山上の垂訓」の学びは変わらず。第十八講の講義で、「主の祈り」の「緒言」を講ずる。

二月十五日（日）「主の祈り」の第二回目で「父よ　われらの　天にいます」という一節を勉強した。宇宙大の真理をありのままに表現する能力の足りなさを覚えざるを得なかった。

最近になって、自分の苦悩に直面して、周囲から孤立して寂しさを感じる時が往々ある。しかし、私が慰めを求めようとした兄弟たちを見回す時、彼らのほとんどが私よりもっと辛い患難の中で苦しんでいるのを見ては、私が慰めを求めることができないばかりか、かえって進んで、私が彼らを慰めなければならない状況であることを発見する。

体が弱く親の病気で苦しむ者、失業して苦しむ者、急激な生活の変化に堪えられない者もあり、忠実な教師であるのにイエスの名の故に忌み嫌われる先生もいる。また、その中には中学校の生徒で同盟休校に参加せず、信仰に立って戦うために困難の中にいる若い兄弟もいる。それぞれの当事者にとっては険しい道のようであり、怒濤が押し寄せて来たようであるだろう。

中学生が周囲の誘惑と脅威を排除して信じる通り独り歩こうとする時、彼は弱小な北軍を率いて強大な南軍に宣戦した「リンカーン」の信念と、単身でウォルムス会議に出席したルターの勇気を必要とするだろう。しかし、逆に彼を大人として見る時、彼の躊躇と準備と悲壮なる決心が、かえっておかしくもある。彼が信仰に立って行うことは、太陽が東から出て西に没するようなもので、当然な軌道を歩むだけである。悲壮でもなければ恐れる必要もない。彼が過大な恐怖をもつのは、あたかも、幼いひよこが互いに争いながら殺傷されはしないかと心配することと何が違うだろうか。

考えてみれば、各自が自分で理由を勝手に付けて兄弟に恨みを抱くなどして、かえって患難と苦悶に陥入るなど、あの中学生の立場をどれほど越えるものだろうか？　高きにおられる神の眼から見れば、我々の嘆き、涙も一笑に付される場合も多いだろう。いや、その全部がそうではないだろうか。最近も、想像すらもむつかしいほどの烈しい社会主義に染まった生徒たちと衝突した。彼らは私を白紙答案で脅し、私に同盟休校の主張を強要して来る。よって約三日間、ほとんど百名の暴漢たちと戦う。単身で戦う勇気には、自ら非情さを感じる。ついに同盟休校は私によって中止となる。

二月二十二日（日） 主の祈り第三講。

二月二十八日（土） 病床で校正を終えていた『聖書朝鮮』誌第二十六号が、今日出る。

三月

三月一日（日）「山上の垂訓」第二十一講。マタイ福音書第六章十節前半を学ぶ。「御国がきますように」という一句だけをとりあげてみても、これがとうてい人間の願いから湧き出るものではない事を知ることができよう。現代人がこの祈りをくり返しながらも、特にその意味を深く考えようとしないのは不思議というべきか、あるいは無知によるのであろうか。

三月三日（火） 午後、郊外の某先生を訪ねたら、「使命感」問題と素人伝道に関して所見を吐露され、多くの啓発と励ましをいただいた。関尹子（注・僧家と対立した二大思潮を形成した道家の人物の一人）

に「人徒知偽得之中有真失。殊不知真得之中有真失。徒知偽是之中真非。殊不知真是之中有真非」と。即ち、「真実な人に二種があるという。本当に真実な人が其の一であり、真実であるにはありながらも自分を偽り、虚を掴んでそれを真実であると確信するのが其の二だ。真を確信する中に偽が有り得るのであり、自らの偽を不断に疑う者に、かえって真が潜在し得る」云々。

三月八日（日） 今日から午後二時に集会を開く。「主の祈り」第五講で「聖くあらせ給え　御名が　あなたの」という一句を勉強した。最近、畏敬あたわざる先輩から多くの理由を列記して、『聖書朝鮮』の廃刊を忠告された。他方、同じ時に、あらゆる赤誠を尽して援助を申し出て続刊するように励ます人もいる。その意見の相違は、東と西とが遠く離れているぐらい差異がある。しかし、『聖書朝鮮』に関心をもつ真情と真理に向かう熱心に至っては甲乙の差はない。深く感謝してやまない。

三月十五日（日） 午後二時から「山上の垂訓」第二十三講の学び。三月は今日をもって聖書研究会を終わり、来る四月から新しく再開することにする。

三月二十二日（日） 集会の無い純粋な休日であった。休息して見て初めて、聖日ごとに小集会を持つことが少なからず重い責任であることを感じる。今朝、鄭相勲兄が南海から上京し、この間に受けた多くの経験談など尽きることがなかった。

三月二十九日（日） 今日も集会のない日曜日である。聖書講義をする代りに、非常に興味があった。朝鮮博物誌などを読みふけることができ、非常に興味があった。現代朝鮮において、朝鮮人で朝鮮の動植物を調査研究した人が数人はいるはずだが、その中でわずかに文献上に記載されるほどの研究は、趙福成氏の鱗翅類（注・蝶蛾の類）の調査があるだけだという。

その他、哺乳類、鳥類、魚類などは外国人の手で幾らか調査されたが、棘皮動物（うに、なまこなど）蠕形動物（みみず類）腔腸動物（くらげ類）海綿動物などの下等動物に及んでは内外人の間にもまだ着手した人は無く、朝鮮人のこの方面に対する開拓を期待するところ大である。植物界もやはり外国人の手で「暗黒帯」の別称はようやく免れたが、草本植物と下等植物に関しては、まだ荒涼たる処女地として残っているという。

今、もし朝鮮青年で博物学研究にその一生を没頭して調査研究する者がいるとすれば、彼は人生の短小なることと事業の長大なることを痛嘆せざるを得ない程、彼の前には偉大な事業が待っているのを悟るだろう。朝鮮は彼に量りしれない恩恵を蒙るだろうし、朝鮮人はその身分の貴賤に別なく、彼に感謝の意を表さざるを得ないだろう。

半島の海岸で浮遊生物を調査することと、蓋馬高原の林間で地衣類（注・菌類や藻類が共生している植物）を採集することの楽しみがその中にあることであり、世の中の人は彼を敬慕するに至るだろう。

彼は教会信者の嫌悪を受けることもなく、伝道をもてあそぶ者だとの非難を受けることもなく、仏教や天道教徒にとやかく言われる必要もないだろう。荒涼閑散な自然界の友となり、有為の一生を送らんことを願う。

四月

四月一日（水） 朝、咸錫憲兄が五山から上京。意外であっただけに、我々の喜びは大きかった。本誌を担当してから満一年、重大な危機に直面した時、彼が会いに来てくれた。将来どうなるかを知る者は無く、ただ最も身近な義務を果たすことで対処する方針を決めることができた。

四月五日（日） 休暇後初めての集会である。私は山野に生命が躍動しているのに引かれて、第一コリント書第十五章をもって、「復活の事実と理論」を講じたが、今日は教会で守られている復活節である。

ただその計算法はいまだ知らない。また知ろうとも願わない。毎年春がやってくる時、山野の草木と鳥、虫が復活を歌う時、その時が我々の復活日曜日となるだろう。

四月六日（月） 第二十七号が出た。副業としてやっていることだから、学年末、学年始めに当たり、やむを得ず遅れてしまった。雑誌を市内の書店に配達する時は何時も「これでも雑誌か」とか「売れない雑誌」などの言葉が耳にはいる。時には侮辱に近い言葉を浴びせかけられることもある。もちろん相手は朝鮮人たちであり、イエスまたはキリストということを看板に掲げている書店である。相手方では事実を言っているだけだろうが、我々の方では伝道集会にでも出席したつもりで、毎月軽蔑されることを楽しみ享受することができて感謝。最も有効な信仰の復興は、イエスの名の故に侮辱を受ける時に来るのである。

四月十二日（日）午後二時集会。私は司会をし、鄭相勲兄はマタイ福音書によって、復活を違った観点から講義。終わって讃美歌第二百三十六番を歌い、互いに別れた後を神様におゆだねし、夜九時の汽車で、兄は南下した。

四月十九日（日） 午前中は陵谷の松林の中を散策、都市の近くで最も貴重なものは、人跡の妨害を受けていない深い山林である。人を避けるために苦心する。午後二時に集会。「山上の垂訓」の学びを再び始め、第二十四講としてマタイ福音書第六章十二節を講じる。

四月二十三日（木） 神学校に在籍の某氏の注文に曰く。

主イエスの恩恵により、このように貴い雑誌を発行され、真理を闡明にするため御苦労しておられる方々がおられることを知って感謝せざるを得ません。私は昨日図書室で『聖書朝鮮』を見ました。購読したい気持ちは押さえられませんので、お金は来月二十日に家から送って来るのですが、『聖書朝鮮』第十三号から今月号まで購入できますか。また、代金は幾らになるでしょうか。お知らせください。「山上の垂訓」が載っている二十五号から今月号までは幾らになりますか。そして送っていただけるでしょうか。一号でも抜けたらと思い心配です。もし先生が本を先に送って下さるなら、二十日過ぎになって代金が着かない時は、私の神学校校長〇〇氏にこの手紙を送って責任を問うてくださ い。お手を煩わしますが、「山上の垂訓」を先に送って下さるよう願います。神様が共におられて雑誌が益々充実発展するよう心よりお祈りいたします。……」

実に愉快な手紙であった。良心の人なる哉（二コリント四・二）。

四月二十六日（日）　午後の集会で「山上の垂訓」第二十五講、主の祈りの学びを終えた。田舎で病床にある某青年に本誌一冊を送ったところ、その感想の便りは次のようである。

……思いがけず雑誌を贈っていただき感謝して読みました。これは神様がなされたことと思い、力一杯祈祷し感謝しました。私はこの力ある真理を明らかにしているこの雑誌をくり返し読み、また読みました。この病床でイエス・キリストを知り父なる神を見い出しました。懸念と不安、不平と煩悶すべてのものを神に一任して云々。

このような病床の兄弟一人を慰め得るとすれば、記者の慰めの杯もまたあふれる。願わくは小さなこの雑誌が、健康であって医者を要しない者ではなく、病弱で治療を渇望する者の友とならんことを！

四月三十日（木）　第二十八号ができてきて、ようやく定日どおり発行できるようになった。

五月

五月三日(日)　午前七時半に活人洞を出て麻浦から船で漢江を渡り、青空の雲雀《ひばり》のさえずりを聞いて梧柳洞まで遠足、同行者は七、八人だった。應谷で二家族と合流し、午前は礼拝、午後は感話祈祷で自由な聖霊の宴に参席する。

五月十日（日）　午後二時に聖書研究会。「山上の垂訓」第二十六講で、マタイ福音書第六章第十六～十八節を講ずる。

五月十七日（日）　午前四時に起きて、五時半から約束通り蓬莱山（注・養正高等普通学校のある所）で早天祈祷会を開く。少数の来会者の中から感話と祈りが続き、有益な会合であった。午後二時から例のように聖書研究会。「山上の垂訓」第二十七講でマタイ福音書第六章十九～二十四節を学ぶ実際生活の問題であるだけに、互いに緊張せざるを得なかった。

五月二十四日（日）　この数日間午前四時に起床。陵谷の松林で祈祷会。参加者五、六人。人は誕生を選ぶことはできぬが死は選ぶことができることを、ステファノの事実をもって学ぶことができた。午後二時に聖書研究会。「山上の垂訓」第二十八講で、マタイ福音書第六章二十五～三十節を講じる。

五月二十五日（月）　この数日間、印刷所の校正が忙しくなった。しかし、今度はほとんど宋斗用兄が単独で校正してくれ、大変正確にできた。

五月三十一日（日）　午前四時、独りで近くの山の松林に行き祈った。五山の帝釈山の上に祈る岩がある。梧柳荘の松林が最近祈祷の場所に変わったとの知らせがあった。互いに勧め、互いに発奮してなお一層祈祷しようと思う。「主の祈り」の研究も必要であるが、しかし、それよりも自分が祈る人になることが一層の急務である。大事業はできなくても、隠れた所で祈ることは止めてはならない。

約三十分早く歩くと、そこに祈祷できそうな山林があるのが、現在わが小さき群にはこの上ない感謝である。あの松林と岸壁が我々に与えられた礼拝堂である。幸いにも、密林、山野、野原、川辺で人跡に妨げられず祈祷できる兄弟よ、後悔を後日に残すことなく、大自然の聖所で十二分にこれを利用して、力一杯祈りましょう。患難の時代に対処している兄弟よ、早く祈りへ、祈りの場所に。

午後二時に「山上の垂訓」第二十九講でマタイ福音書第六章の講義を終える。回顧するに、今から満四年前の三月、東京の学窓を離れる時、彼の地の教友数人が私の門出を神に委ねるために、送別祈祷会を開いてくれた。その席で某老練な教育者の一人が、マタイ福音書第六章十九節以下を朗読して熱誠を尽して祈られた。一同は異様な霊感に満たされた。他に類の無い送別会であったことを深く心に刻みこんだ。

それ以来幾星霜が去り、また来るごとに所謂卒業証書と免許状は行李の中に入ったままであったが、この卒業状（私はこの聖句を卒業状と称す）だけは幾度も読みかえした。この前に立って震えまた泣き、笑い感謝すること幾度あったことか。宏大なるかな、「山上の垂訓」よ！　三回でこの部分（十九節以下）を講了したので完全は期し得なかったが、大きな過ちは無かったことと思う。昨年十月五日、日曜日に市内楽園病院の一室で、「山上の垂訓」の緒論を講じ始めてから満七カ月間、「山上の垂訓」の三分の二を終えたことになる。

六月

六月七日（日）　水原で開かれる博物学会に出席す

るため、今日は聖書研究会を臨時に中止した。

六月十四日（日）明け方、宋兄と共に陵谷の松林で祈祷。午後の礼拝で、宋兄は「良心の信仰」という題で、我々に聖霊の炎を燈してくれた。

六月二十一日（日）「山上の垂訓」第三十講でマタイ福音書第七章一～十五節を講義。柳永模先生が来会され、今日の講義に対して先生独特の解釈を加えられ、一層啓発された。東洋人が最も深遠にキリスト教を理解するだろうとの推測は、必ずや適中することであろう。閉会後に陵谷の林間を散策しながら、柳先生、金山兄と一緒に夜九時過ぎまで談論した。マタイ福音書第六章十九節以下を現実生活に生かそうとすることが、話題の中心であった。

六月二十三日（火）今日から第三十号の校正を始める。

六月二十八日（日）午後二時に聖書研究会。マタイ福音書第七章六節を学ぶ。最近来た便りの一節次の如し。

……『聖書朝鮮』誌宝訓編を一読したところ、その中の「山上の垂訓」やローマ書研究は先に行くほど面白く、読むほどに興味が増し、一生手元において読んでみたい思いが内から湧き出てくるのを、どんなに鋭い槍や剣でも禁じることは難しいでしょう。云々。

咸興　州北　韓丁龍、再拝

七月

七月五日(日)　午前五時前の松林は人間の懺悔を吐露するには、あまりにも清らかな所であった。今日午後二時の聖書研究会で、マタイ福音書第七章七～十一節を学ぶ。「山上の垂訓」第三十二講であった。

七月八日（水）　午後、李昇遠氏が来訪した。互いに忙しい時間だったので、約三十分ほどの面談をと思っていたのに、三時間半になってしまった。時間の足りないのを恨みながら別れを惜しんだ。雑誌を知友に紹介してあげようと、旧号若干を持ち帰った。我々の広告の方法は大部分このようなものである。

シェイクスピアの言ったように、We are all advertized by our loving friends.（われらは愛する友人によって広告される）と。意外な所から善き友を与えられ、驚きと感謝にあふれる。『聖書朝鮮』は結局終わりまで少数であるか、あるいは多数になるかは分からないが、この方法をもって友を求めるであろう。

七月十二日（日） 早朝の松林は霧が厳粛な幕を張り巡らしている。独りで居るのを幸いに、声をあげて激しく泣いた。最近では珍しく泣いてしまった。泣いて見ると、後悔されるのは、どうしてもう少し頻繁に泣けなかったのかである。

快《ここち》よいかな、快よいかな。何故泣いたのか、理由は分からないと言うのがよいだろう。強いて理由を付けるとすれば、第一に「山上の垂訓」を講じようとするので自分に対して泣く泣き声であり、張道源牧師の孤軍奮闘と篤実な信徒たちの冷淡さとを併せて考えると、イエスの死を悲しむ泣き声であり、信仰十余年に過ぎないのに私より先に信じ、或いは後に信じた者が弊履のごとくに背教して、あるいはあの山を越えて獄中に、あるいは教壇の上に立って講じているのを見ると、その捨てられた信仰を泣く泣き声である。

このすべてのことは私の知る所でないと否定して見ても、次には理由のない泣き声だけがもっと大きな調子で爆発する。理由は問うな。ただ泣いて見ると気分が爽快であったというだけである。

職員会議に西洋婦人が参加するので、その前ではWC（便所）という言葉を出すこともできず、二年間便所の修理が出来なかった学校があったというから、西洋婦人たちの繊細な神経に限り無く賛嘆した。

現在朝鮮のキリスト教徒、特に他よりもすぐれた信仰をもったという者たちは、兄弟の信仰の程度を測るのに、あの西洋婦人よりもっと鋭敏な神経をもっている。彼らの生活はちょうどセメントを混ぜない砂礫《されき》のように、幾ら掻き混ぜても粘着力がでてこない。ああ、神経の鋭敏さも過ぎたるは及ばざるがごとしである。市場に座って笛を吹く者の暗愚さよ。

今日午後、「山上の垂訓」第三十三講で「黄金律」を講じる。『聖書朝鮮』誌の読者で博川の朴勝莢兄が金剛山に行く途中来訪して、我々一同と初めて対面した喜びは大きかった。どうか、地方の兄弟も、ソウルを通過する機会に多少の時間を割いて訪問してくれるならば、我々の喜びは大きいであろう。

七月十七日（金）朝、予定通りに張牧師入京。夕方は鷺梁津教会で、十九日（日）は午後本社で、同日の夜には西江教会でそれぞれ集会を導いて下さった。

七月二十日(月)　今日初めて李龍道牧師の電話を受け初対面であったが、我々は鉄片が磁石に引かれるように、思いもよらなかった時と場所に集まって祈祷会をもつ。兄弟たちの悔い改めと讃美が甚だ深刻であった。「奇跡と科学」、「神と常識」、「興奮と沈着」について深く考えざるを得なかった。火のようなハートと氷のような頭脳を兼備することは難しいものであろうか。

七月二十六日（日）午前は、市内光熙門教会に出て講演した。中央青年会館（ＹＭＣＡ）から集会の場所を断わられてから、京城市内の教会で講ずることを請われたのは初めてのことであった。教会が皆我々を畏れていないことを知って安心した。ただし、李龍道牧師の招請によるものであった。午後、「山上の垂訓」第三十四講。来たる八月中は集会を臨時休講とする。

八月

八月二日(日) 今月中は聖書研究会が休みに入ったので、集会なしに過ごした。

四日朝、咸錫憲兄が上京した。昔の人は冬の三カ月休みがあれば足りるとしたが、我々は夏休があっても足りない訳である。

八月八日(土) 午前、西大門刑務所に寄って、ML党事件(注・ML党は一九二六年に再建された朝鮮共産党の俗称で、一九二八年に一斉検挙された事件)で入獄した某君に面会する。彼は最初あの塀の中から、ナザレのイエスが救主キリストであるという確信をもって出獄したのだったが、今は共産党員として再入獄した。今から十年前には、私がイエスは「私生児」であることをからかうと、彼は興奮した様子でキリストの神性を弁護した。

「多くの先なる者は後に、後なる者は先になるべし(文語訳)」(マルコ一〇・三一)と言うが、考えて見ると感慨無量と言おうか。むしろ、人生が恐ろしいと言うのが本当であろうか。

八月九日(日) 明け方、咸兄と共に陵谷の松林で祈祷する。この松林も遠からず住宅地に変わるということで、嘆かわしい限りである。この日の午後、臨時に集会を開き、咸兄の導きでヤコブ書第四章十三節以下を勉強しながら、ヤコブの行為とパウロの信仰に深い関係があることを学んだ。

八月十一日(火) 黄海道勉励青年会連合大会に出席するために、張道源牧師、昨日咸興から入京。今日、載寧に向かって出発する。

八月十二日(水) 今年、二十歳で高等普通学校四学年で逝去した青年の遺族を弔問するために、水原まで往復する。帰省中、学友のこの消息に驚いた青年の便り以下の如し。

……権君が逝去したというのは本当でしょう

か。七月二十日まで元気であった権君が逝去したとは信じられません。嘘が微塵もないと信じる先生の便りでありますが、とても信じることができず、ただ半信半疑であります。とにかく、私は過ぐる七月二十日夏休みに入る日、私の手を握って「何と言っても健康第一だ。君も休暇中あまり勉強だけせずに、きっと健康な身体で九月一日にまた会おう」と言った権君が、九月一日に登校することを信じます。あんなにも真実であった権君が、約束を違えることはないだろうし、また身体が弱くて来れないことはないでしょう。もし権君が逝去したとしたら、真に人生は虚無そのものであります。彼の死は権氏一家の損失は勿論、学校にも、朝鮮社会にも大きな損失でしょう。彼は外目《そとめ》はとても恥ずかしがり屋の少女のようでしたが、心はとてもしっかりしていて虚偽の無い、朝鮮を愛することを知る人でありました。本当に惜しい人物です。もし神があるなら、どんな理由でこのような人物を夭折させるのか。私は彼と接触が多かったので、その人となりの内と外をよく知っています。彼は水原でも大変少年運動に熱心で、水原学生親睦会にも少なからず力を注ぎました。彼は「子供の日」のような時にもとても力を入れ、子供たちを愛しました。しかし、その人物を知る者はとても少なく、皆んな気にもかけなかったでしょう。外面だけしか見ない友達が、どうしてその内なる人物を知りますか。私はその人物の内面を知っているので、より一層彼の夭折が他の人と違いとても悲しく、何倍も惜しく慕わしいです。

ああ、兄よ、権兄よ！

二十の峠を越えられず逝かれた兄よ！

朝鮮を愛したのに、どうして逝ったか？

二千万を愛したのに、どうして逝ったのか？
どうしても逝くなら逝くと
その勇気、その愛を置いて逝ってくれ！
先生、私だけは九月一日に必ず権君に会えるように思えてなりません。

八月　日　　〇〇〇　上書

この手紙を読んで友愛の貴い事を学び、また、人生について深く反省し決心することができた一日であった。

八月十四日（金）　同じ様な苦言を呈しても、受け取る人によって恨みごとにもなり感謝にもなる。そして、苦言の報いは大概恨みごとであった。しかし、今日「敬慕する先生に差し上げます」という次のような手紙を受け取り、苦言を述べる勇気を増すこと大である。

例年にない冷夏も去り立秋が過ぎた後、秋の暖かさが始まりました。私は時々川辺、林の中に座って、博物室の中で休暇前に決めたプログラムを実行しておられる先生を頭に描き、自ら発奮しています。

そして、今日まで一時も忘れられないのは、先月二十日の朝、先生が〇〇だけに下された教訓であります。東の窓からもれ入る横合いの光線を受けて座り、一言また一言話された先生のお言葉が私の骨の髄までしみ透っています。

私は何時も訓話を聞くのが好きで、その言葉を座右銘として書いても見たり、あるいは偉人伝を読んで教訓を学ぼうとしましたが、やはり、人から直接受ける言葉ほど大きな感激は与えないようです。私は日ごと先生から教えられた「今日に生きよう」という言葉を忘れずにいようと思います。今は身体も別状は無いのですが、その当時、身体の具合いが悪くて遅刻したことが、今は私にとって、かえってプラスの結果となったように思われます。
もしその日病気でなかったとしたら、黄金でも買えない先生の説教を聞けなかったろうと思い、これはきっと偶然な病気ではなかったのだと悟りました。私が学校に行って四年間で学んだのは、ただその日の朝の先生の説教だけだと思います。ＡＢＣやａプラスｂのようなことは、どこに行っても学べたことでしょうし、自習をしても分かっただろうと思われます。この説教に応えて真人間になってみようと思います。
そして先生が、私を以前からこれ程までに信じて下さっていたことを心から感謝し、他方で、これまでの自分がそうであったように、みんな自分自身が偉いのだと騒ぐ烏《からす》の群れのような仲間がかわいそうに思われ、また、憎らしくも見えます。二十日の夜もそのまま明かしました。
私は今日まで先生もなく友だちも居ませんでした。しかし、今は一人の先生、一人の親しい友を得ました。友だちとしては〇〇君であります。彼は頭脳もそれほど優秀でありませんがとても意志が堅固であり、万事に偽りが無いので友だちになりました。彼がどれほど、どの点で私を信じているのか分かりません。とにかく、今日一人の先生、一人の友人を与えられて私は満足しています・・・・。

八月十六日（日）　午後二時、使徒行伝第八章一〜二十四節を学ぶ。暑さが厳しく忍耐することだけが事業である。

八月十九日（水）夜、張牧師が明日の夜帰任するため、載寧、平壌の集会を終えて入京。

八月二十三日（日）　集会がなく、一日中、渓谷の川辺で過ごし休養する。午後、数年来社会主義に没頭していた青年から、七十頁に近い懺悔録一冊が送られて来た。真実を探求する者は、たとえ一時さまよったとしても、終には正しい道を探し当てるのである。また、この日、我々のルカ安尚哲医師から信仰に溢れる便りがあり、今日も感謝と歓喜の一日であった。

八月三十日（日） 休暇中最後の聖日であるので、新秋の準備祈祷会を開く。ピリピ書第二章一～十一節を読み、「謙遜が和合一致の鍵である」ことを学ぶ。午後、両親から悪人と判定されたという某青年を、悪人ではなく善人であり、善に変わる残された望みが多大なることを知ってもらうために、某家庭を訪ねる。重大な任務ではあったが、やってみれば愉快な事であった。行為の末端より内心の動機に着眼することは、確かにキリストの恩恵の賜物である。この眼をもって見る時、多数の悪人が、実に父母の慈悲でも許せない者までが、尊敬に値する友人に変わる。感謝！

九月

九月六日（日） 午後二時から、再び「山上の垂訓」の勉強を続け、マタイ福音書第七章十五～二十三節を講じる。黄海の席島で伝道中の金徳模氏の手紙に、

主の恩恵の中に貴社の事業が日増しに発展されることを祝ってやみません。諸先生方の御平安を更に祈り上げます。教弟、李龍道牧師様から貴『聖書朝鮮』誌第七、第八月号二冊を拝受いたし、一回読み終えましたが、眠っていた霊が呼び覚まされ、限り無い喜びを受け、多くの雑誌を見た中で貴誌のようなものは初めてであります。本当に聖書に次ぐ聖書だと思いました、云々。

と。郵便機関も自由でない孤島で、天国の福音を伝える使者一人にこれほどの慰めがあったとすれば、

本誌発行のためのすべての損失と苦労も論ずるところではない。

九月十三日（日）「山上の垂訓」第三十六講で、マタイ福音書第七章二十四～二十七節を講じる。

午後、咸興の李啓信君の次の葉書を受け取った。

聖なる神様のお守りのうちに貴兄宅は安らかにお過ごしのことでしょう。私は徐々によくなっています。腹の中が爽快であります。主の前には不可能は無いということでなくては望み得ないことであります。申し上げたいことは、毎月一日には必ず来ていた『聖書朝鮮』誌がまだ到着していません。途中で失くなったのでしょうか。

毎月一日は指折り数えて待っている唯一の友誌が着かないので、大変気掛かりです。なお、来たる十六日午後八時に、ヨハネ福音書第十一章四節と讃美歌百五十五番を私と一緒に讃美しましょう。三百八キロ隔たっていますが、同じ心で、同じ聖書の個所と同じ讃美歌で主の前に讃美をささげたく願っています。

と。李君は未信者の家庭で成長して公立普通学校と公立農業学校を卒業したので、所謂宗教教育なるものは一度も受けたことはなく、昨年三月、学校卒業直後に肺結核で入院するまで教会に出入りする機会もなかった。

そのために去る夏、親しく病床を訪問された張道源牧師の伝えるところによると、李君は今まで讃美歌もよく歌えないどころか祈る方法も知らず、イエスを信ずるし方を一つも知らない信者だったというのであるが、真に祝福された信者ではないか。

その上、教理問答（注・洗礼の前に受ける口頭試問）が何であるか、教理と教派が何であるか、洗礼と聖餐が何であるか知ろうともせず、是非を論ずることもできない。ただ、不思議なことに絶対安静を要する重症の病床にあって、二カ月間の長い日時を苦痛の中に導かれるまま、今日の信仰に到達したという。そして、慰めようとした者がむしろ彼から慰められてしまい、与えようとする者がむしろ彼から溢れるものを与えられるようになったという。誌友よ、彼を通して恩恵に浴し、彼のために、彼の主キリストの栄光のために祈りましょう。

九月十七日（木） 京仁線の車中で、思いがけなく徐起河君に出会った。徐君は養正高等普通学校を卒業した後、現在は故郷の富川郡蘇莱面玉吉里で農業に従事している。その農事に対する緻密で卓越した見識は、ちょうど東大門外の李圭完翁から聞いたことを彷彿させるところが多かったので、用務を後回しにして、まず梧柳洞駅から南方約四百メートル離れた徐君の農場までついて行き、彼の持論と実際が一致することを目にして一層深く感嘆した。

読者中に、万一農事改良を志しながら肥料調整、果実野菜の栽培で一反歩（十アール）あたり年収四百円以上の収得法、一穂に三百五十粒以上の優良な稲の種、その他、年四毛作のプログラムなど、果樹、養豚などに関して指導を望む人は、善良な指導者を徐君に発見できるかと思う。なお、天職の発見で喜びにあふれている徐君の姿は、世の中の優等生どもをして羨やましがらせずにはおかない。

九月十九日（土） 満州動乱。

九月二十日（日） 幸州へ遠足、礼拝をする。徳陽山頂の權慄・都元帥戦勝記念碑（注・豊臣秀吉軍のソウル侵入を漢江入り口で撃退した場所に建つ）横で、マタイ福音書第七章二十八、二十九節を講ずる。こうして前後三十七回の講義をもって「山上の垂訓」の学びを終えた。偶然であったが、これを徳陽山上で講じたのであった。

九月二十七日（日） いつものように、午後二時から集会。「山上の垂訓」の概要を講ずる。今後は、聖書六十六巻を一冊一講で創世記から始めるつもりである。

一〇月

九月二十八日から十月五日まで、私が金剛山（注・朝鮮半島・江原道の東海岸に位置する山で一帯は名勝地）旅行中であったので、十月第一日曜の集会は中止になった。途中、高城邑（注・邑《ゆう》は行政区域の一つ。人口二万人以上五万人以下で、日本では「町」にあたる）に到着した時、金成実兄が遠くから邑まで出迎えてくれ、学生の中の少数の信徒と共に祈祷をすることができたことは、ひそかに期待していたことではあっても、あらためて感激したことは言うまでもなかった。その後、公務時間中であったが許可を得て、三日浦畔に続いて見わたす限りの金兄の開墾地を見学し、一晩泊めて貰い、信仰と農業問題に関する十数年間の貴重な経験を聞くことができたことは、私にとっては金剛山の上にまた金剛山であった。

その他、金剛山の周囲には未輝里に金永祿氏、准陽邑に張良憲氏、神渓寺の上雲庵に安英俊氏、通川の碧山里に朴在奉氏、同じく長龍里に金世煥氏、歙谷に玄炳讃氏と元山に朴承傑氏、韓俊明氏、白南柱氏などの皆さんが祈祷に、あるいは実際の伝道に精進中であると聞いたが、忙しくて会って喜び合えなかったことは遺憾であった。温井里では金玄氏の親切な案内で、氏が経営している如々園を見学できたことは思いがけない喜びであった。私のような全くの門外漢をして、仏教に接する機会を持たして下さったことは大変感謝であった。帰途に安辺邑郊外の我々の信仰の老父・全啓殷牧師に会いたいと思ったが、願いはかなわなかった。

十月五日（月） 夜帰京すると、会ったことのない兄弟から次のような意外な手紙が来ているのを知る。

初めて御挨拶申上げます。先日、偶然書店で貴誌を発見し、朝鮮には聖書雑誌が無いものとばかり思っていた自分としては非常にうれしく、特に内容において福音的であり、日本で見る無教会主義の色彩を帯びていて非常に共鳴しました。その上、すでに貴下の努力と神の助けにより第三十二号まで刊行できたのは、将来限り無く成長する生命の上に礎《いしずえ》を築いて立っていることが分かります。

私もキリスト者の一人ですが、現代の教会は気が抜けて没落、退廃している現状でありまず。到底その中で過ごすことは信仰を生命とする信徒として耐えられないところであり、大きな失望をもつに至りました。果してこの調子で進んで行けば、朝鮮の教会の運命は幾日も残っていないと言う外ありません。

ということで、イエスを信じながらも所謂教会なる所には足を踏み入れることが嫌でした。どんなにか寂しい思いで何処かに喜ばしい声は無いか、何処かに同志はいないかと探している間に、貴誌に出会うことができ非常に嬉しいのです。信仰の同志が集まり、主の福音をありのままに伝えることはどんなにか高貴なことでしょう!

私はまだ先生について全てを知らないので、どうか仔細に事情を知らせて下されば、先生の指示に従ってどのようにでも行動をとる考えです。貴誌はどの教派にも属していないようですが、どんな形式で集会を開き礼拝をされるのですか。色々お聞きして、私はこれから先生の言葉に従って、多くの信仰の友と一緒に共同戦線に参加しようと思います。開闢社内　崔京花。

一読して、驚かざるを得なかった。無教会主義であると言って信徒から攻撃され、また、特別な運動を標榜しないために、廃刊を勧める知り合いが居るのを案じていたのに、反対に雑誌の発行を喜んでくれる同志もいるとは。

いかなる教派に属することもないままに、第三十五号の編集を終わることができて、記者もまた驚く。どんなにして今日まで成長したのか。今後の経営はどうだろうか。全く未知数である。予算も無ければ、決算もない、収支を超越した経営方法だけがあるだけである。今日まで約千五百円の資金を費やした。しかし、その誌代の収入は最近に至ってようやく郵便料に充当できる程になったが、だれも巨額の資金を提供してくれたことはなかった。将来の対策が立てられたこともなかった。しかし今日までやって来たし、主の許される日までやり遂げるであろう。勿論、印刷費その他『聖書朝鮮』誌に関する限り一銭の負債も無い。

このようにして、ひと月に一人または二、三人ずつ新しい同志を与えられるから、「朋あり遠方より来たる、また楽しからずや」である。ましてや、主より許し与えられる友人の高貴なことは、格別である。「不正の富を用いてでも、自分のために友だちをつくるがよい」(ルカ一六・九)との事は、我々に文字通り該当し、その楽しみを味わわさせてくれ、これが私の唯一の利潤であり、道楽である。

十月六日(火)　平壌の崇実専門学校に在学中の信仰の兄弟から、次のような葉書が飛び込んできた。

『聖書朝鮮』！　君と机を共にすることは今日が初めてで、余りにも遅い感じが先に立つ。君はこの分野を混乱させるために来たのではなく、純粋に真理を広げるために来たのであれば、知る者のみ知り得る主の祝福が常に君の上に、永くあらんことを望む。

内村先生の『聖書之研究』が絶えて一年を過ぎた今日、聖書雑誌の続出している中で、あえて他の同情を求めようともせず、絶えず努力をされている先生の御名前は既に聞いておりましたが、『聖書朝鮮』の創刊号を持ち合わさず、本誌創刊の初志と抱負を知りたく、また、将来聖書信仰の運動を如何に展開されるのか知りたく……。

また、大阪市の趙英済氏から、

主の愛の中でこの貴重な雑誌を受け取りますことは、今年の正月から許鍠兄を通じてです。真理を渇求していた飢えた生命に、この上無い満足を与えられただ感謝にたえません。

この聖なる事業に尽力される先生方の労力により、この貴い命が躍動している真理のお言葉を載せた『聖書朝鮮』が、日増しに真理の新しさをもって発展されることを望みます。そして、魂の飢えにさ迷う朝鮮の若人に無二の羅針盤となることを望み、併せて、執筆者の先生方がいつまでも平安でありますように望み、ご挨拶と致します云々。

十月十一日(日) 午後二時集会。聖書全体の大意を講じる。

十月十七日(土)、十八日(日) 両日は、梧柳洞に合宿して祈祷会を開く。張道源牧師の手紙に曰く、

私は毎日、正午の時を告げる大砲の音が聞こえて来る時を期して、『聖書朝鮮』誌と関係する諸氏、読者の皆様のために祈ることにしました。十二時に音が聞こえましたら、私が祈っていることを憶えて下さいますように」

と。恐縮の至りです。『聖書朝鮮』誌が今日まで成長したのは、このような隠れた援助があるためである。

十一月

十一月一日(日) 午前は活人洞長老教会に請われて礼拝説教をして、午後はいつものように聖書研究会。

十一月二日（月）　満州、間島の龍井村メソジスト教会の李浩彬牧師から次のような短い便りが到来した。

先だって李龍道牧師の手を経て私に届いた『聖書朝鮮』が、私に大きな恩恵をもたらしてくれました。よい励ましと灯台となってくれたことを覚え、同志達に紹介したので、彼らにまでも大きな恩恵となっているものと信じ感謝いたします。このようにして私に一層大きな恩恵に浴せるように、貴重な文章を読めるようにして下さった先生の御厚意に感謝し、すべてのことが主の愛の中でなされることであることを悟り一層感謝します。主の恩寵が常にあり、主の真意を現わされる使命に御尽力下さい。云々。

今の間島でキリスト者が受けている迫害というものは、内地の安全地帯に座している人には、到底想像できない状況であるという。

初代の信徒が経験した使徒行伝そのものの生活が再現されている最前線で、十字架を背負った李浩彬牧師からこの便りを受け取り、不自由なく暮らしている者の感慨が更に深まるのを感じざるを得なかった。伝道者の働きに、天よりの祝福の豊かならんことを。

十一月五日（木）　咸興の李啓信君の手紙に曰く、

信仰をもてば病がすみやかに良くなはずなのにと言う噂さがどんどん耳に入って来ます。しかし、私の信ずる信仰は揺らぐことはありません。信仰が慰めとなり、聖書を読む時ごとに生命の奥義を味わい、肉体の絶望から希望を祈ることのできる信仰を、彼らは曲解し嘲笑することしかできないのです。おかしいことです。先生、ルカ福音書第六章十八節と、『聖書朝鮮』第三十三号の十八頁に記されているエペソ書第六章十一節以下の聖句と讃美歌百五十五番を、十一月五日の夜八時に、私と一緒に読み、歌って十一月八日（日）今日から午前は梧柳洞で集会を行い、午後二時にはいつものように本社で聖書研究会。出エジプト記を紹介する。

十一月十日(火) しばらく幼児の看護の中にあった咸錫憲兄からの手紙に曰く、

……、最初の頃と比べると体温も下がっているのでこれから良くなるでしょう。とにかく、親の心情がこんなに深いものであるのかと実際に経験してみて、よく分かりました。そして、思い出したことが神様の心情であります。また、人の罪を自ら担われたイエスの心情でありますす。大切なことはイエスの霊が私たちに注がれて彼の心情を知ること、イエスの十字架を仰ぎみて彼の心情を知ることです。この時代に神を求める声がだんだん小さくなっていくのは当然のことのようです。〇〇兄から消息はないですか。兄上、苦しくて我慢なりません。「大きな鎌

ください。

と。

三年に及ぶ結核患者としての療養生活で、信仰のために受けた親戚や古くからの友達の嘲りの中で、病苦と信仰のために戦いながら善く忍耐している光景は、実に義人ヨブが患難にぶつかった時の姿を彷彿させる。今、李君がよく知っている讃美歌は百五十五番一曲のみのようだ。いろいろな調べの讃美歌を歌い、「主の祈り」、「使徒信条」の暗誦とそのオウム的問答をもって試験をするなら、李君はきっと落第を免れない不完全な信者であるだろう。しかし、単純にキリストを信受するからし種ほどの真の信仰が、周囲を感化しながら生きているその生活化した信仰をみれば、李君はすでにいかなる神学博士よりも、さらに偉大な信徒という他ない。よって今夜八時に李君が請うたように、同じ聖句と讃美歌の一節をもって讃美礼拝をした。

を持って、この穀物を刈り取る者が……」と、イエスが自分の名をこの悪に満ちた時代の中で恥じるなと言われたお言葉を、一日中よく考えています。私達が万一御名を恥じないのであれば、私達は第一に神様のために生きなければならないことを知っています。しかし、私自らは福音が究極の目的とならず、生活の一つの付随的ものになってしまうことを恐れます。兄上、生きておられる神に祈らなければなりません。

と。

十一月十五日（日）　午前は梧柳洞で、午後は自宅で集会を開き、夜は町内の長老教会で説教した。甚だ忙しくて落着かなさを感じた時、平壌から聖誕祭礼拝説教の出講を勧誘する某兄弟の手紙が来たが、こんなことをしていては、結局私も「禍なる人」で終わるのではないかと深く恐れた。

十一月二十二日（日）午前・午後の聖書研究会は前と同じ。

十一月二十九日（日）　梧柳洞と活人洞の両集会は変わらず。ただ、聴く者たちの熱誠に対して教える側の者にいろいろと足りないことの多いことを、主の前に深くおわびするのみです。

十二月

十二月一日（火）　ようやく雑誌第三十五号ができ、予定日に発送できた。

十二月六日（日）　午前九時半に梧柳洞で集会。午後の集会ではモーセ五書の大意をちょうど講了した。大部分の学生たちが学期末試験と冬休みに入るので、今日で今年度の集会を終わると同時に、聖書研究会は一旦解散を宣言した。

主の許しを得て来年再び開会するに至るとしても、義理と因習に囚われることなく真実に求める者だけが集まるように、新年を迎えて集会の一新を企てようとするためである。

「山上の垂訓」研究もようやく本号でその重要な部分は峠を越したようだ。今年は何よりも自分にとって「山上の垂訓」の年であった。「山上の垂訓」の香り漬けの一年であった。元来、私は多数の注解書を持ち得なかったばかりか、一冊の注釈(I. R. Dummellow's The One volumu Bible Commentary)の外にはどんな著書があるのか聞くことも、見たこともなかった。ところが最近になって必要により、ある兄弟の書庫にあった注解書の中から何冊ずつか借りて見ることができた。それでもマタイ福音書第七章の解釈を書くのに、約十四、五種類の参考書が机上に散らばっていた。しかし、その大部分は古い時代の著作である。

ルター、カルビン、マイエル、ベンゲル、ゴデーなどの諸先生から主《おも》に教えられた。そのために、自分は前人未到の「独創」を誇ることはできない。正確な意味で「独創」ということはとても困難であるからである。生物界の細胞に遺伝質の影響が大きいように、精神界でも遺伝と蓄積の影響が甚大であることを信ずる。

それ故に、自分は奇抜な新説を唱道しようとするよりも、まず人類の大教師たちが教えた中で、時の試練を経ても光輝を失わない明瞭な真理を間違いなく伝えることに努力した。甚だ平凡なことながらも、天才でない凡人にとってはこれ以上のことはできない。

もし自分の書いたものにもほんの少しでも独創的なものがあるとすれば、それは甚だ小さいことであり、あえて自慢しうるものでないことを自ら認めるものである。「百尺竿頭《かんとう》一歩を進める」ということは、言うに易く行うに極めて難しいからである。

十二月十三日(日)　梧柳洞集会は今日をもって私の責任は免除されることになった。

十二月二十五日(金)　毎年聖誕節がやって来るごとに、明け方、洞内教会の聖歌隊に対しては感謝せ

ざるを得ない。今年も例年のように、午前四時半に聖歌隊数十人の兄姉が門前を通り過ぎながら、

われらの救い主がお産まれになった日、牧者が栄光を見る時、天使が讃美する中で、イエスは本当に産まれた。

と嬉しいメロディを伝えてくれた。陵谷の松林には松葉ごとに、銀の花のような霜柱が立ち、月の光が寒気を身体につき刺すような中に、遠く山の中から讃美歌の声が流れて来て、霜柱が音符に和しているようでもある。

十二月二十八日（月）　正午、宋斗用兄の電報を受け取って府内昌信洞に飛んで行ったところ、長女の錫子ちゃん（生後二百二十日）が午前八時に亡くなったとのことであった。宋兄夫妻も初めてのことであり慰めねばならない立場にある自分も、前例を知らずなす術を知らなかった。ただ一緒に狼狽して痛み悲しみ、弥阿里墓地に埋葬しただけだった。こうして一九三一年は深刻な事件で幕を閉じた。なお、今年新しく起こったことは、『聖書朝鮮』誌に対して独り責任を負ったことだった。

一九三二年

一月

一月二日（土）　五山の咸錫憲兄の手紙に曰く、

……今『聖書朝鮮』誌を手に取り、感慨無量であります。一方では嫁《とつ》がせた娘に会ったようで悲喜こもごもの思いがし、また、一方では前よりも同誌の使命の重大なるを一層知るようになりました。兄上、弟としての考えを言えば、兄に対し大変済まなく思います。それは重荷を負う兄上の姿を見たからです。『聖書朝鮮』誌の使命を考えれば考えるほど兄上が傷《いた》ましい。

一方に教師の仕事があり、一方にこのことがあり、兄上の荷は真に甚大なるものと思います。あれこれと言っていた者たちは本当に緊急な時には後へ退き、担い難い荷を兄にすべて押し付けたような感じがしてなりません。心根が優しく責任感が強いがために、難儀な他人の後始末を引き受け、苦労する人を見るようです。

しかし、このことは人情から出た考えに過ぎません。兄上がこれを担うのは単純な責任感からだけではないでしょう。主なる神が担わされたので担われたのだと思います。彼が立てれば打ち倒す者はなく、彼が打ち倒せば立てる者はいません。朝鮮人の近況を見るにつけ、生きた福音の真理の必要なることを一層感じます。願わくは兄の上に、今年も特別な恩恵のあらんことを。いたらぬ弟も兄のために特別に祈ります。云々。

五山学校が非常な難局に直面していると聞いて、手紙を出そうとした自分がかえって先に受け取ることになった。創刊当時の光景と今日の事態を考えると、真に感慨無量である。自分もこの荷をできるなら避けたいと思った事は間違いなかった。ただ元来愚鈍な者なので、避けようとする前に捕われているのを発見した。最も能力に乏しく貧弱な者の肩に担わされる『聖書朝鮮』誌の運命を思うとかわいそうでもあるが、これもやはりキリストのものであれば、栄誉を受けるよりは恥辱を受けるのがその運命であると思い、今後の運命も「捕らえられて殺される羊」として、ただ声もなく引かれて行くだけである。

梧柳洞から、

足りなきことを悟り得ず闇の中に陥っている小生は、深い悲しみの中に喜悦をもってクリスマスを過ごし、また新年を迎えようと思います。しかし、本当は何も分かりません。過去三十年の生活を考えても、何も思い浮かびません。三十年の生活は全て空であります。すべて失敗に帰してしまいました。信従、悔い改め、努力、計画、職業、全てがそうであります。……ああ、『聖書朝鮮』よ、お前と私の因縁は深い。私はお前のことを友達と呼ぼう。いや、そうだ。お前を先生と呼んで、神様が私に下さった贈り物、宝物と言おう。神様はお前をこの世に立たせて栄光を顕《あら》わそうとされ、私の霊を顧みてくださっているのだ。『聖書朝鮮』第三十五号が私の心を砕き悔い改めを起こさせたことを、もう一度感謝せざるを得ません。第三十五号の「山上垂訓研究」（十一講）は、私の信従と信頼が空虚であり怠惰であることを、さらに深く悟らせ悔い改めさせられます。『聖書朝鮮』第三十五号を読んだ後、書いたものであります。

一月四日　　　　成百庸

『聖書朝鮮』をこのように読み、『聖書朝鮮』がこのように力となるなら、筆者の感謝の杯は溢れざるを得ない。どのような犠牲も惜しむことはない。生きるための潤滑油となり燈火となるために。最近、創刊号から求める読者が少なからずいるが、まだこれに応じることができる。思いもしない所から、新しい友が生まれることは不思議ではあるが、「亦悦ばしからずや」である。

一月三日（日） 新年初めての日曜日なので研究会は休み梧柳洞に行ったところ、偶然多くの兄弟が集まり新年の祈祷会となった。一同の中には鎮南浦（平壌の西方）方面から来た人もいて、平壌の乞食と言われる姜萬英氏の逸話を紹介し、一同深く感激した。姜氏は敬虔なホーリネス教会の牧師の子息で、以前東京に留学した後、わざと狂人の振舞いをしながら乞食の一団を指導し、食べ残しものと余った着物が無ければ食べず着もせず過ごし、その座右銘には「倒れて鼻の中が破裂して血が出るような愛、自ずから溢れ出る愛で生きる」と銘記しているとのことであった。

一月十日（日） 午後二時に聖書研究会を始める。聖書研究の目的を再び明確にする。十六日、五山の咸兄の手紙の一節に曰く、

聖日の研究会は昨週、新年第一回が開かれました。会員は変り無く、「この一年は死ぬほどまでに忠実であれ」と語りました（黙示録二・八〜一一）。英語聖書研究会には休暇中暗誦の宿題を出しましたが、愛の章（一コリント一三章）、パウロのアテネの演説（使徒行伝一七章）、とりわけ、ヨハネ福音書第十七章のイエスの祈り全章など、見事に暗誦したことに驚きと喜びを覚えました。本当に溢れるばかりの恩恵と言えましょう。云々。

聖書は単に読解することをもって満足するものではありません。熟読し、筆写し、暗誦すべきものであります。我々『聖書朝鮮』の読者諸君も五山聖書研究会員に倣って、先ず右記した章節から聖句を暗

誦する習慣をつけたらどうだろうか。

一月十七日(日)　午後二時に聖書研究会で聖書旧約聖書を続けて講義し、ヨシュア記の大旨を述べる。

一月十八日(月)　朝方西大門刑務所へ、ある友人に面会するために往復した。出入口を通過しながら、威儀を正して堂々と鉄門を守っている看守を眺めると、いつも詩聖ダンテを思い出し、将来現われる地獄を連想して身震いしない時は無い。

一月二十四日(日)　午前十一時に洞内の長老教会で説教をし、午後二時からの聖書研究会では、前例にしたがって一回一書、講解方式で、旧約の士師記を学ぶ。「山上の垂訓」の読後感だとして、左のような一文が来る。

回顧するに、一九三〇年の初秋に、楽園病院の一室での開講の席に参加したことが思い出されます。その後一年以上貴誌を通して毎号の研究に接し、我々が普通の常識で解読する聖句の解釈とは雲泥の差異を発見し、過去に一、二の注解書を読んだことがありましたが、それが今日の浅薄な学問を背景とした粗雑な解釈に過ぎなかったことが今回の研究を読んで分かり、彼らの稚拙さを唾棄《だき》せざるを得ません。貴誌の「山上の垂訓」を読む時、我々の良心は極限まで刺激され主の実弾が内なる生命に命中し、霊魂から血と汗が噴き出し、真理の力に征服されること急であります。キリスト教の門の入口に立つ者として、正しい路を明示され霊界の導き手であられる方を掴むことができました。最後に、この垂訓の講究のために先生のお身体《からだ》の苦しみも多いことを知り、続けて新年も健康でありますようお祈り致します。

一九三二年一月二十四日　李芝鎬　謹呈。

本来、人を相手に行うことではないが、筆者も人である。筆が重く粗雑な文しか書けない時は今月限りで断念しようと決心することも無くはないが、このようにキリストにある兄弟達の感想は、筆者をして書く喜びを今一度取り戻させることが少なくない。

一月二十七日（水）～三十一日（日）　この期間に京仁線のある教会で、毎日午前五時半と午後七時半に一日二回ずつ五日間、集会でキリスト教について語った。後で聞くと、これが復興会（注・リヴァイバル集会）だったという。人がどうであったかはともかく、私自身は確かに復興された。聖日の朝これが終わり、午前十一時には梧柳洞で集会をし、午後二時には本社に帰って来て、聖書研究会でルツ記を講じた。今日、第三十七号の発送事務を終える。

二月

二月二日（火）　先月末の過度な仕事で一度に疲れが出て病床に伏した時、未見の兄弟から左のような便りがあり、病床にあって私の杯は溢れ、感激した。

先生の高潔さはすでに『聖書朝鮮』を通して知っており、咸先生からもたくさん聞いていたために、たとえ顔を知ることはできませんが、私が先生に師事したのはずっと前からでした。神様の恩恵が先生の上に注がれて神様の貴き御言葉を説き明かして下さり、この御言を『聖書朝鮮』を通して知るようになり、楽しく嬉しいです。『聖書朝鮮』の刊行は世の中の人には小さく見ますが、我々には大きい事であります。もし主の力が共になかったとするならば、一号と言えども継続できないことを深く知っております。それがために意気消沈することも、この世の事業のように計画することもないことを知っています。神様の命令にしたがい、下僕《しもべ》の役割をする以外ないと思います。

私も今は咸先生宅で聖書を学んでいます。本来は上級学校の入学が目的でしたが、物理、化学、英語よりも聖書が私に生命をくれ、真理をくれ、私の目を明るくして神様の栄光を見えるようにし、私の耳を澄まさせて主の教訓を聞けるようにしてくれたことを深く悟ったために、聖書を勉強することにしました。知識も必要ですが、神様の真理が中心にならなければ、むしろ私の身体を滅ぼし、私の霊魂を殺してしまうことになることが分かりました。私は生ける生命との交わりの中で毎日毎日を過して来たので、その喜びは言葉では言い尽くせません。もし私が五山に来ていなかったとしたら、また、咸先生の門下になれなかったら永遠に腐っていたでしょう。そして、永遠の生命も発見できなかったことを考えると、咸先生に感謝するだけでなく、この全ての恩恵を下さった神様に感謝いたします。過ぎし一週間は、明け方六時半から七時まで祈祷会に出席して多くの恩恵を受けました。現在、聖書研究会は二十余名を越えます。五山の暗い部屋にある小さな蝋燭の灯りのように微々たるものですが、五山を明るくすることができると思います。これからこの生命の水を求めてくる人は、だんだん数が増えるのではないでしょうか。

先の者が脱落し、後の者が先になるとは、このことを指すのであろうか。先哲は後進が畏るべきだと警戒するように、幾多の先輩が逡巡して決しかね、犂《すき》を握って振り返っているような有様の時、高等普通学校を卒業する生徒の一人が決然と今までの志望を変更し、その一生を聖書研究に捧げるようになったという。やはり半島の光は西北からであろうか。五山を明るくする光が、嶺南地方（注・慶尚南北道をさす）、関東地方（注・江原道をさす）を照らす日も遠からず来るであろう。

二月七日（日） 病後でもあり聖書講義は休み、

ウィリアム・ティンデルの事蹟と五山聖書研究会の話をした。

二月十三日（土）　咸錫憲兄から「ルビコン河を渡った」との通知があった。人生七十年間、細胞分裂を続けて古稀を祝う人もいるだろうが、願わくはたった七年間でもルビコン河を渡った者の確固とした足どりを聞かされて、私も単身邁進する生活者になりたいものだ。

今後の五山に対して、我々は旧に倍する関心を持たざるを得ない。

二月十四日（日）　午後二時、サムエル記上を講じる。聖書を講解することはあたかも大鉱脈を発見するのと同様だ。掘れば掘るほど金や玉は尽きず、旧約聖書にもこのようなたくさんの珠玉が隠されていたのかと、講述しながらも驚かざるを得ない。

二月二十一日（日）サムエル記下の講義。

二月二十八日（日）列王記上を講ずる。

三月

三月六日（日）午後二時の聖書研究会で列王記下を学び、学年末になり、今後当分の間休むことにする。

三月十五日（火）　東京の崔泰瑢氏から、彼の主幹誌『霊と真理』第三十九号を送って来る。その中に「『聖書朝鮮』の金教臣に贈る」という公開状が載っていた。『聖書朝鮮』誌第三十七号の「『聖書朝鮮』の今後」という文章を読んだ後、『聖書朝鮮』誌に対する認識を新たにして、先日廃刊するように勧告していた態度を取り消して、今後は『聖書朝鮮』誌の読者になろうという内容だった。キリストの真理を証しするために早くから立てられた崔兄がこのように認識されるようになったことは、主キリストにあって私には満ちあふれる感激であった。

我々は聖書に関して見解を同じくできず、信仰上重要な体験の軌道を全く一致させることができないが、キリストに捕らえられて既に死んだ者である点においては彼は先輩であり、私は今やっと一歩を踏み出した者である。慈しみ深い主キリストは土の器のかけらのような罪人でも二度と後退することを許されないだろうから、十字架が重過ぎるならば途中で倒れて死なせて下さるだろう。

願わくは今後は肉の人、自由の人、世の人として再び地上で我々を捜すことがなきことを。

三月十六日（水）啓明学院の金享道兄からの来信。

……小弟の意もやはり兄と同じく、『聖書朝鮮』は、この福音の精神的な真理と信仰を明らかにすることにあり、ハングル綴り字について の問題を論じることにあるのではないので、そのようにご承知おきください。しかし、もう一言《ひとこと》言わせていただければ、三月号の通信にもあったように、我々の言葉（注・朝鮮語）を純粋に使われるのが良いでしょう。創刊号にある言葉そのままに為さることが、非常に有益であると信じます。小弟も山間僻地の火田民（注・土地を持たず、山中で焼畑などで暮らす人々）の部落まで押しかけて行って来ましたが、言葉で、あるいは文字で、主の善き知らせを伝えようとすることは、とても大変です。福音を平民化し、平民の生活を福音化、真理化しようと努力してみましたが、やはり力不足であります。そして、正統的な信仰で言うなら、彼らは思いもよらない奇妙な迷信に陥っており、残念でなりません。それゆえに共に願うこととは、主ご自身が目覚めさせ信じさせて下さらなければ、目覚める者も信じる者もおらず、人の努力は無用なものである。人知の迷妄が酷《ひど》いからであります。願わくば聖意のならんことを。アーメン。

三月二十日（日）　今日も集会はなかった。マタイ福音書によれば、洗礼者ヨハネの預言というのは「悔い改めよ！　天国が近づいた」（三・二）であったし、イエスの伝道の要諦も「悔い改めよ！　天国が近づいた」（四・一七）で、きわめて簡明なるものであった。それでも、その叫びには力があった。

三月三十日（水）　この二、三日間は校正に費やした。一読者から激励の言葉に、

……先生は原稿書きをされることの他に時間の余裕はないであろうと考えますが、自転車に乗って市内に配達までされると聞き、小使いのような働きまでされることを主に感謝したことは言うまでもありません。私は書斎の閑居を独り楽しみ、学理を究めるだけで不健全な学説を発表して異端の類に落ちるより、我が主の生涯そのままを見倣って祈り、生命の道を朝から夕方まで伝えることが、主が最後に使徒団に委ねられたところに従うことであると断言致します。我々が大いに努力し、なすべきことの中で、祈って主の御言葉を伝えることが第一の主の業であると言っても、誰が違うと言う者がおりましょう。ですから、我々はこの世の事に対してそれぞれどのような関係にあっても、信仰を持つことと証しすることについては、それがいかなる方法でなされてもこれを副業として取り扱わず、専業として努力しなければなりません。我々はどれだけ多く聖書を読み隠れた祈りがあるとしても、世に向かって真理を証しするのでなければ、それは不完全な信仰であると言わない者がどこにいるでしょうか。本当に我々はご飯を食べるだけでは駄目で、水を飲むだけでも駄目で、静かに座っているだけでも駄目ではないでしょうか。たとえ宇宙を所有しても生命を失えば無益なように、宇宙大の研究を発表することよりも、一人の霊魂が死から生命に移るこ

とを、神様はより喜ばれると信じます。そして、我々は生命をいただくと同時に、生命を生かされる神様の事業に忠実でありましょう。筆で伝えようが言葉で伝えようが、『聖書朝鮮』誌は変わらず、福音の伝播に力を尽くし、真理の証人となることを願います。云々。

四月

四月三日（日） 新年度になり、休んでいた我が聖書研究会も始まった。午前は梧柳洞で、午後は活人洞でそれぞれ復活されたキリストの権能を語る。真理を語ることはいつでも愉快な事である。

四月四日（月） ある兄弟から、本誌第三十九号に書いた私の文章の中で、用語の不適切なものと文の構成のよくない点を指摘するなど、好意の忠告をされた人がいた。深く感謝しながらよく考えてみると、世の中に私より無謀な者もいないことを悟った。文筆に従事すべき素質の無い点では、私の右に出る者がないことを確信しながら、文章も修辞学も知らず、ハングルに関しても張志暎氏著『朝鮮語綴字法講座』という一冊だけを参考にして、毎月平均一万五千字ずつ文章を書いているから無謀と言えば無謀、唐突と言えば唐突だろうか。また、やりたくて自ら望んだとすれば奇特なことと言うべきか。しかし、これもあれも違うので、私としては心苦しいだけである。

四月十日（日） 午前は梧柳洞で「ヨシュア記」を講じ、午後は活人洞で「歴代志上」を講ずる。

四月十五日（金） 一人の未知の兄弟からの、便りに曰く、

私は早くから、張牧師を通じて先生の気高い声望は聞き及んでいましたし、続いて、『聖書朝鮮』誌によって先生の信仰を心から敬慕しているところであります。肉の体ではお会いできま

せんが、霊的生命として繋がっていると思います。貴誌の経営は世間の所謂事業とは違っていることと信じます。他の事業家たちの眼には見えないくらい微弱であるかも知れません。しかし、私のような無知な輩の生命を豊かにすることにおいては、多大な助けとなります。助けになることを挙げるのは難しいことですが、その一例をあげるとすれば次のようであります。私はしばらく前から屑のような人間であることを認め、あるいは時には泣きもし、時には感謝したこともありました。現代文明が進歩するにしたがい、物品の廃物は残らず活用されるということですが、人間の廃物はより一層用がなくなります。私はどうしようかと思いながら涙を流さざるを得ません。しかし、私は一方で感謝しています。感謝すべきかな！　我が主イエス・キリストにより私の神様に。「お前が人間としては屑であっても、私はお前を知っている」と言われ、「私はお前を呼ぶ」と言われます。そして、貴誌二月号に「廃物募集」と書いた文章を見て、私は喜ばしく嬉しく思いました。たとえ小さな雑誌に載っていたことであっても、その真理の言葉は偉大で、私の生命の暗黒を打ち破ってくれる力がありました。云々。

四月十七日（日）　午後二時から聖書研究会で、旧約研究の続きとして「歴代志下」を講じる。独立伝道者の次のような消息に接して嬉しかった。

主の恩寵が親愛なる皆様にあふれるよう祈ります。私は主の召しを受け、信仰の弱さと力の足りないことを深く悟りながらも敢然と立って、中学生を対象に独立伝道をしたいのです。前途洋々にして希望の遠大なる青少年達に、イエス・キリストが必要であること切実なるを悟り、更に最近の中学生の風紀紊乱の声高きを聞き、あの青少年の兄弟たちに主イエスを紹介することが緊急であると思います。私は主の捕虜となり、来たる四月二十四日（日曜）から毎日曜午後二時に鍾路中央伝道館内で伝道説教を始めます。弱くて無能な私のために懇切な祈りで助けて下さることをお願いすると共に、併せて学生たちに勧めて下さるように願います。

云々。

李徳鳳

李徳鳳氏は昔崔泰瑢、金成実の諸氏と共に水原農林学校で同窓だったといい、長い間、京城市内の培花女学校で教鞭を執られた。今やロバに預言させ路傍の石をして讃美させられる神の力に勝てず、敢然と京城市の中央で独立伝道を始めた。人情としては彼の前途の多難なることを考え同情を禁じ得ないが、しかし、神がこの半島を忘れておられない様を見て、我々の感激は小さくない。親愛なるキリスト信徒よ、いつまで午睡を貪ろうとするのか、さあ、十字架の旗の下に集まり立とうではないか。

四月二十四日（日）午前は梧柳洞で「士師記」を講じ、午後は活人洞で「エズラ書」の研究。

四月二十七～二十九日（水～金）宋斗用兄の厳父が、去る四月二十七日午前十時に他界された。享年七十五歳。急報に驚き、京仁線梧柳駅前開峯里一五四番地の宋厚用氏（宋斗用兄の兄）宅に集まり、喪主を助けて通夜ふた晩、同二十九日の早暁には入棺から埋葬まですべて同志四、五人で終えた。改めて我々は朝鮮で生まれたが朝鮮の礼節によらず、キリスト教徒や教会流の儀式も分らず、儀式に対しては全くの異邦人であり野人であることを自覚させられた。

五月

五月一日（日）午前は梧柳洞開峰里の宋厚用氏宅で宋斗用兄の厳父への追悼も兼ねて記念集会があり、

午後は活人洞で「ネヘミヤ記」講義。

五月八日（日）午前は梧柳洞で「ルツ記」を講じ、午後は活人洞で「エステル記」を学ぶ。女性の偉大な事業に驚く。

五月十四日（土）　午後八時から長谷川町の公会堂で、「養正軍　凱旋歓迎の夜」が開催され、これに参加した。養正高等普通学校陸上競技部が今より四年前から、大阪神戸間中等学校駅伝競走に出場して三年連続優勝した後、今年四月には更に東京横浜間駅伝競走に参加して、多数の強敵を退けて新記録で快勝したので、これで関西、関東にわたり、全日本中等学校を完全に制覇したことになり、今夜の会合が催された。その意義から見ても尹致昊、宋鎮禹、アペンセラー諸氏の祝辞にあったように、半島の将来のために慶賀すべきはもちろんであるが、またこの会の主催者が京城市内の中等学校生徒たちであり、司会者から靴箱の整理に至るまで各校生徒の連合で分担して、あるいは壇上で熱弁を奮い、あるいは楽隊で養正校校歌を演奏し、平素の競争相手である養正チームの勝利を混然一体になって共に祝う様子は、実に涙なくしては見られなかった。

五月十五日（日）臨時に今日は集会がなかった。

五月二十一日（土）市内の一読者が匿名をもって、

『聖書朝鮮』誌第四十号二面下段に記載された万人救済論（注・本『双書』第1巻三六頁参照）を読んで、今まで先生を敬慕して来た思いを一朝にして失ってしまいました。

と言い、

直感的に非聖書的であるばかりでなく、極端な異端説だと思いました。

とあり、続いて、

妄想を取り消してください。もしそうされないならば、貴誌を朝鮮霊界に送り出されませんように。神様は愛の神であると同時に公義の神

であり、憤怒の神であることを記憶されること
を切にお勧めいたします。そして、異端の席か
ら速やかに離れられますように。あの誤謬説を
即時取り消されますように。伏してお願い致し
ます。

と、神の怒りを披瀝して威嚇して来た。異端者の称
号を受けるのは、これで二回目である。匿名で筆者
が誰か分からない。ただ一読した後感じたことは、
心身が共に健全（sound）でなければならないという
ことである。所謂《いわゆる》、讃美と祈祷だけをすることが健
全な信仰生活ではない。一定の職業、特に農工商の
職を持って額に汗する生活が、心霊の健康を保つた
めにはとても必要なようだ。またキリスト信者で
あっても、時には読書の範囲を聖書以外に拡張し、
地歴、詩歌、自然科学などにも及ぶことが、健康上
不可避のようである。必ずしもキリスト信者は博学
君子でなければならないというわけではない。身体
の小さい人の頭骨や、テニス選手の足のように畸形
的に発達するより、均衡を失わないことが大切だと
思う。上の匿名筆者は、万人救済論に関してもう少
し具体的に十分な説明をすることを要求して来たが、
左の如き理由で当分の間は、その要求に応じないこ
とにした。そのわけの第一は、すべからく真理を討
議するほどの人であれば、戸籍上にある住所氏名を
明記して問題提起すべきである。他人を異端者呼ば
わりをしながら匿名をもってさらに十分な説明を要
求するなど、これより卑怯で利己的な事はない。『聖
書朝鮮』誌に記述することは、世間の文士たちが、い
わゆる創作を匿名あるいはペンネームで新聞雑誌に
発表することとは、その質を異にすることを理解し
てもらいたい。人生と宇宙の真理を論議する時、券
番（注・妓生たちの組合）、妓生の雅号と一緒にする
ことは、私の我慢できないことである。当然戸籍上
の氏名で、一言一句の責任を鮮明にして誠意を披露

するべきである。これが答えを保留する理由の一つであるが、万一、上記匿名氏が再び誠意ある質問をされるか、または他の読者から真実な要求がある時は、私の知る限り詳しく述べる準備はできている。そして答えない理由の二つ目は、某君の質疑については結論だけを第四十号に記載しているが、救いと言えば一種の賞品のように、または生命保険に入った者が、死後の契約金を受け取ることのように考えるこの世の人々の「救い」については、全く私の興味を引く問題ではないためである。過去のある時期には、私も自分自身、救われるか否かが昼夜念頭にある最大問題であった。しかし、現在の私にはそれよりもっと切迫した問題が目前に緊急な形勢で臨んでいるので、死後の救いの問題のようなことは、神学校の先生に答案を作成してもらうしかないという心境である。すなわち、今日をいかに戦うか。この瞬間、私が主イエス・キリストを信じているかが、現在の私の最大の問題である。万一、私が毎日、瞬間瞬間を主イエス・キリストによって神を信じる信仰に生きたとして、その結果人間らしく神様の子供らしく人生を生きて、罪とこの世に勝ち、死んで凱旋したとする。その時に、その報いとして主が私を「地獄」に入れて永遠に滅ぼされたとしても、それもまた私の願いとするところである。要するに今日の戦闘、今発射する弾丸を的中させようとする的に、私の心身を集中しようと思うだけである。それゆえに真面目に苦悩する兄弟の懇請でなくては、死後の救い、数の多少などを計算して見る余裕などない。

五月二十二日（日） 午前は梧柳洞で「サムエル記上」を講じ、帰途、鷺梁津で下車し、漢江のほとりの丘の上にある死六臣（注・李朝の世祖の時、廃位させられた瑞宗の復活を図ったため処刑された六人のこと）の墓に参拝した。

この身死んで行き　何にかならんと思いしに

蓬莱山（金剛山の春の別名）の第一峰に　長い
枝を伸ばした大きな松の木となり　白雪が天地
に満ちる時　独り青々として　孤高な節操を誇
らん

と遺して逝って五世紀、朝鮮は彼らの死を充分に理解したのだろうか。あるいは将来理解するのだろうか。義人の墳墓を飾らない点は朝鮮人の唯一の美風と言えようか。義人ならば朝鮮に生まれるべし。

五月二十九日（日）思いもよらない患者が出て、集会を一時中止せざるを得なくなった。

五月三十一日（火）　午前中に『聖書朝鮮』に関する出版法抵触の件で警務局図書課に呼び出され、始末書を提出することでやっと処罰は免れた。

六月

六月五日（日）　午後、「ヨブ記」を講義する。ヨブの深刻さと高遠さと強固さに比して、講ずる者の弱小さは北漢山に対立した南山よりも甚だしいことを感じた。偉いかなヨブよ！　今夜、偶然の機会に本間俊平氏の講演会があることを知り、市内旭町メソジスト教会に行き聴講する。

六月八日（水）　午前八時半から、本間先生を養正高等普通学校に招聘して、六百余人の生徒と共に約一時間の講話を聞いた。青年の前途に希望をもたせることと奉仕する生涯の指針に関して、長年の経験から湧き出る力ある印象を与えて教育的効果は大きかった。

六月九日（木）　久し振りに、咸興の李啓信君の消息に接する。

…回顧しますと、一九三一年四月二十一日恵みにより『聖書朝鮮』誌が配達されて以来、今日まで積み重ねられた二十七冊は、今私の枕元にあります。再読三読したところが大部分で、時には熱が上がり高熱なのも気づかずに熟読、耽読するようになる『聖書朝鮮』誌を受取るごとに、本当に感慨無量であります。私は「ローマ書の研究」と、「山上の垂訓研究」を最も多く読みました。初信者である私は、最初聖書を読んでも理解できませんでした。また、イエスが何であるのか。キリストが何であるのか。聖書を読んでも分かりませんでした。

しかし、今は聖書を読めば大意ぐらいは分るようになったと言えます。読めば読むほど本当に興味が尽きません。毎日五章はどうしても読むことに決めて、ある時には五章以上を一遍に読む時も往々あります。‥‥『聖書朝鮮』誌を受け取るごとに私の命が成長します。一冊より二冊、五冊より十冊と増えるごとに命は成長しました。一寸なのか五尺なのか、それは知りませんが、私の霊魂を刺激すること実に多大であります。云々。

とあって、彼の病勢は漸次快方に向い、昨年十月以来服薬はやめ、毎日二、三十分の日光浴もして、座って食べ、座って読めることを報告して、祈ってくれる兄弟方に衷心からの感謝を表明した後に、

この度、この病気にかからなかったならば、私はキリスト教を知らずにそのまま滅びてしまったことでしょう。こうして見ると、この病気がどれほど有り難いか分りません。神なる父が私のために特別な愛でこの機会を与えられたものと感謝します。ヨハネ福音書第九章三十九～四十一節が私の場合にも当てはまるようです。

と記してあった。

『聖書朝鮮』誌を通して旧新約聖書を知るようになり、聖書を熟読した結果、三年間加療した後、やっと一日数十分間の日光浴をするようになったという重症患者が、上記のような歓喜が湧き上がるように

なったという。神の奇跡と言えよう。いつものごとく君の要請によって六月十日夜、第一テサロニケ書第五章十〜二十二節と讃美歌百五十五番をもって特別祈祷会があった。

六月十二日（日）午前中、梧柳洞で旧約の学び。

六月十九日（日）今日は梧柳洞から柳兄の来援があり、最近の体験から出る「信仰の力」についての証は、活人洞に集まる小さな羊の群れを励ますこと大であった。柳兄は二十一日東京に向かって出発する予定である。

六月二十六日（日）午後二時に「詩篇」の大要を講じる。詩篇は大綱を提示するには大変難しい書であった。終日、『聖書朝鮮』第四十二号の校正また校正。

七月

七月一日（金）『聖書朝鮮』七月号の発送。

七月三日（日）今日から休暇中は、定期集会を中止。

七月十日（日）午前九時に梧柳洞を訪問、旧約の学びをする。

〇済州島の某教会のある人から振替口座に前金三十銭を払込んで、『聖書朝鮮』誌二冊を注文してきたことがあった。その注文書の終りに曰、「・・・もし信用して送ってさえくれれば、将来読者が多くできるものと信じます」と。この「信用して」云々の意味は何を指して言っているのかまだ明らかでないが、つまり三十銭を横領することなく前金を受け取ると同時に、現品を間違いなく送れという意味であるようだった。この解釈に間違いなければ、この注文書を受け取った事務員は、しばらく感慨無量な思いに陥ったであろうことも間違いない事実であった。

『聖書朝鮮』に向って奇抜な思想とか、または深遠な研究の発表を注文するのであればいざ知らず、「一金、参拾銭也」に「信用」をとやかく言うのは一体どういうわけであろうか。しかし、号を重ねることは四十四回、『聖書朝鮮』誌が朝鮮で受けたもてなしは、これに過ぎるものではなかった。

このように周到で細心な注文者がいる反面、ある人は非常に投機的な魂胆（？）を発揮するかのように、あるいは一年分、あるいは数年分を前金払いする人もいるが、過大な前金はむしろ重荷になる。『聖書朝鮮』社の「信用」というのはさほど大きなものでないから、まず一年分以内の前金を払い込んでおけば、たとい次号から廃刊となる場合でもそれだけの金額はすぐに償還されるであろう。

○信用問題が出たので言うのだが、過去数年間に『聖書朝鮮』社は多くの詐欺に引っ掛かった。イエス・キリストの祝福に始まり「アーメン」で結んだ手紙で購読を希望しておいて、送られた後誌代を払い込まないばかりか、友情まで失わせることが一、二度だけではなかった。特に『聖書朝鮮』を評価して、ひたすら真理と生命を本位としている唯一無二の『聖書朝鮮』誌云々と言った人ほど、その踵《かかと》で蹴ることは猛烈であった。

○最近では、誌代の割引きを要求する読者もいた。農村の窮乏した実状を報告するのを見ては、その情景に胸が熱くなるのを禁じえなかった。貧者に無料で福音を伝えること、しかし、『聖書朝鮮』誌はむやみに割引きもできず、むやみに無料配布もできないのには、次のような理由がある。実際、『聖書朝鮮』誌はその発刊することよりも配布することに少なからず苦心している。

一、この種の雑誌は時代の先端を行くことを誇る刊行物と違って、バックナンバーだからと無制限に割引く理由を見い出せない。できる程度までは、前もって考慮して告示する。特殊取り扱い無しに全読者に公平に、また事務を簡単にしたいのである。

二、現在の本誌定価十五銭は、その印刷実費の約三分の一にも満たない。それでも高いと言う人は購読を中止してもらうより外無い。物品の評価は使用する人の必要度に比例する。

三、貧者の高慢は、金持ちの傲慢以上に憎むべきものである。時代の風潮につれて、所謂《いわゆる》キリスト者の中にも、自分の貧困を理由に高慢無礼を強いてやまない者が往々にしてある。自分の貧乏はとても重要なように見え、『聖書朝鮮』誌発刊のごときはとても易しいことと思うようである。

寄稿の労を分担する人がいる外には、表紙の色が変って以来、本誌は完全に独立無援で発行され、今月のあることは知っても、来月発行されるかはわからない立場に立つ。主キリストの前では無益な下僕《しもべ》がただなすべきことをするだけである（二コリント九・一六）。人前では軽蔑されることを望まない（二コリント九・一五）。

四、願わくは本誌は「読む」、また、「必要な」人にだけ売りたいものだ。この目的を果たすために色々な方法を試みて見たが、やはり親疎の別なく、前金を払い込み、自ら進んで求める人に送る外なかった。今後もこのように実行するのみ。

五、パウロは当時の信徒たちに、「その書翰は重味があって力強いが、顔を合せたところその身体つきは弱々しく、話はつまらない」（二コリント一〇・一〇）と批評された。ラスキン氏も、読者との面談と親友に著書を読ませることの無益なることを語っている。まして、私のような未熟な文章を親友に進んで紹介することは心苦しいことである。だから希望に従って発送することにしたので諒察を乞う。

○前号で上半期の正誤表を作ろうとしたが、ハングルの誤植が多過ぎて、一月号一冊分だけ載せることになった。以下毎号正確を期しながら発行のたびごとに校正を五、六回以上もしたのだが、やはりこの有様だ。しかし、事実はそうでありながらも、漠然と「『聖書朝鮮』誌は誤植が多い」という批評を受ける時には、その冷い態度に腹が立たない時はない。どうか誤植を指摘する時にはページ、段、行を明記の上、その親切味を見せられよ。正確を期そうとする発行者の心情に、読者は協調されんことを。

八〜九月

○七月末まで働き、八月一日から発熱して数日間病床に就いた。能率の点では愚鈍な駄馬だが、自分としては精一杯なすべき事に力を尽くした。ただ疲労が重なって体調を崩し、体温計で熱を計って見ると高いようだ。しかし、胸に満ち溢れているのは感謝だけである。願わくば小人閑居して不善をなすことなく、無為無用な生きざまを続けるのみで、朝鮮式の還暦祝いの宴を設ける醜態を見せる前に、労働の場で汗を流してぶっ倒れんことを。願わくは「一日も早くこの世を去ってキリストと共にあらんことを」(ピリピ一・二三)。これが私にとって最善のことである。

人類二十億人のうち、正確な意味で健康な者というのは極めて少数である。全人類は実際はほとんど皆病人である。ところが、そのことに気づかず、自分が病床に就いた時にだけ初めて気づく数多い患者、すなわち、全患者に向かって真実な同情が芽ぶくのを感じる始末である。私のような利己主義者であり鈍感な者には、経験しなくてはこのことがわからない。

大病はしなかったが毎年二、三度ずつ、必ず同じような状態で疲労が重なり熱病が襲ってきて、私が本当に病人の一人であることに気付かしてくれ、感謝また讃美。

○今年の休暇の八月はまたたく間に過ぎ去り、なすこともなく暑さに耐えることだけだった。ソウルでは今年のような暑さは近来珍しいことというが、ぶつかった時は大変で、過ぎ去るとたいしたことないかのように見えるのが人間の本性であるようだ。その間、町内の青年数人の要請で、毎週日曜の夕方「エペソ書」を勉強した。書翰中の一書を選んでキリスト教の中心を紹介しようとの企てであった。彼らがキリスト者になるかならぬかは私の知るところでない。ただ忠実に講義をしただけである。人事を尽して、その後は聖霊の働きにゆだねるだけである。

○畏敬の念を抱くに値するメソジスト教会の現職牧師某氏から、中学校の英語の教師に転職をしたいとの相談を受けて驚いた。霊界のためには嘆かわしいことだが、その牧会生活の困難な実状を知ってからは同情を禁じ得なかった。アメリカの不景気の風はついに朝鮮霊界の講壇にまで及んで収まらない様子だ。この様子で行けば、どれほど甚大な影響が波及するかが心配だ。しかし、神以外のものに頼れば早かれ遅かれその空虚なことが判明せずにはおれないから、避けられない運命なのだ。このことがわかれば、個人でも、教会でも、世の事業でも、これすべて独立独歩の必要なることを一層痛切に感じるに至るはずである。

○八月の暑さもほとんど終わろうとするある夜、二人の友と一緒に朝鮮劇場で『春香伝』の実演を見た。甲は評して「この劇が現代でも価値が認められるのは、貴族と賎民の間でも恋愛は成り立ち得ることを表現したためだ。云々」。乙は「李朝末期の政治社会の腐敗を生々しく演出したことが、現代人の参考になる。云々」。私は始めから終わった後まで、ただ泣くばかりだった。恋愛の聖不聖、可不可は別問題である。ただ、獄中の春香は乞食姿の李道令（注・春香と結婚を誓った李夢龍の別称）に会って呪わなかったばかりか、「‥‥成功してもわが夫よ、成功できなくてもわが夫よ。云々」と言って打算的な母親を諭していた貞烈の言葉は、すなわち昔のヨブが神に対する信仰を言い表わした貞烈さであった。ヨブは言う。「わたしは裸で母の胎を出たから、また裸でかしこに帰ろう。主が与え、主が取られたのだ。主の御名はほむべきかな。……われわれは神から幸を受けるのだから、災いも受けるべきではないか」（ヨブ一、二章）と言うのを聞いて、売笑婦的な我々の信仰を思い泣かされた。

また、ルツは「……わたしはあなたの行かれる所へ行き、また、あなたの宿られる所に宿ります。あなたの民はわたしの民、あなたの神はわたしの神です。あなたの死なれる所でわたしも死んで、そのかたわらに葬られます。もし死に別れでなく、わたしがあなたと別れるならば、主よ、どうぞわたしをいくえにも罰してください」（ルツ一・一六、一七）と言った烈女の鉄石のような心情が男子をして泣かしめた。

あるいは「主よ、わたしたちは、だれのところに行きましょう。永遠の命の言をもっているのはあなたです。わたしたちは、あなたが神の聖者であることを信じ、また知っています」（ヨハネ六・六八以下）とのシモン・ペテロの心情を連想し、また「ペテロ的な痛憤」（マルコ一四・六八以下）も忘れることができない。

すなわち、「わたしはあなたの外に、だれを天にも持ち得ましょう。地にはあなたの外に慕うものはない」（詩編七三・二五）という詩人の絶叫が鼓膜を震わせるかのように、荒野の試みから十字架上で死なれる時まで、ひたすら小羊のように引かれて行き嘲弄されていたイエスの姿が、目の前に見えるようで耐えられなかったのである。

パウロは「信者をキリストに結婚させる」と言ったし、キリストは「自分と教会を花婿、花嫁の関係」になぞらえたのだが、ああ、真実であられる主キリストの前に、私は泣くだけだった。ただし後になって考えてみると、私が観劇家の資格を欠いていることとが明らかになった。演目さえよければ俳優の演技力の優劣を見分けられないからである。

○ある親戚の結婚式に司式をしてくれとの交渉を受けて大変驚いたことがあった。私は牧師でもなく祭司でもないのに司式を行えという大胆さに驚き、非クリスチャンの結婚を、キリスト者である私に司式をさせるというその着想の奇抜なのに驚いた。回顧するに、福音書にある「わたしの母とはだれのことか。わたしの兄弟とはだれのことか。……天にいますわたしの父の御心を行う者はだれでもわたしの兄弟、また姉妹、また母なのである」(マタイ一二・四八、五〇)という個所を読んだ後で、私は親戚に「狂人」扱いされ、それを聞いた私の旧友は口をきわめて私を嘲弄したことがある。

その後、歳月は流れ去り、キリストの門を守ること十余年にして初めて、親戚の人がキリストの故に私を尋ねて来た。彼らは内心では私の偏狭なのを哀れみながらも、子弟の教育は私の監督の下に置くのが安全であると考え、また、彼らは私が世間に通用しないことを嘲笑しながらも、夫婦間に不和がある場合だけは私を利用して、夫は女房をキリスト信者になるように仕向け、妻の方ではその夫を説諭するのにキリスト教が「有効」だと考える。また、キリスト教の人生観と信念を共にし得ないのに、結婚式だけはキリスト教式でやることがどういう利益になるのか知らないが、意地っ張りで融通がきかないことを象徴する意味で、澄まし汁に唐辛子をふりかける式にでもなるかと思うと、世の人の知恵というものが、結局推測できないものであることを再三嘆かざるを得なかった。彼らは得になるのならば、キリスト者までも利用してやまない。

○今度、十月号の編集がほぼ終わろうとする時、柳錫東兄の貴重な信仰告白を受け取ったので、これを次号に延ばすのは忍びず、半分に分けるには、文章が一気呵成に書かれている。それで、毎号連載されていたもの全部を次号に回し、今号はその全文を載せた。これを読むと神のなしたもうことに驚かざるはなく、特に人の霊魂の中でなしたもう神の働きに最大の奇蹟を見るのである。

十月

○張道源氏の便りに、

「ニケア会議」という一文を書いた動機は、昨年の冬に白南庸先生が慶尚南道へ来て集会を導かれた時に、キリストの単性論を唱えられたと伝え聞いたが、これは慶尚南道老会（注・慶尚南道のキリスト教長老教の各教区の牧師と長老の代表による会議）で相当問題になったようです。白先生の単性説はアリウスの単性説と同じく、キリストの神性を否認する異端だという説も出たそうです。それで、慶尚南道の兄弟達の中に、「ニケア会議」の歴史上の事実と三位一体論について書簡で問い合わせる方があり、私はこれに応じて参考のためこの文を書きました。次号に続けてアリウスのキリスト論とニケア信条を書こうと思います。

とあった。

○「三か月ぶりに」という意味をどう書くかについて朝鮮語学者に問うたところ、「満三ヶ月」と書き「第三月」でも意味は通用するが、前者のように書く時がより多いとのことである。それゆえに、北青・李芝鎬氏の注意にしたがい、本誌第三十九号四ページ上段第二行「出エジプトして三か月ぶりに」は「出エジプトした後三か月ぶりに」と訂正します。このように厳密に読んでくれる読者と、互いに対話することになり感謝を禁じ得ない。

○貧しい人や重い病気の床にある人に本誌を送る時には、もちろん代金などを要求せず、ただキリストによる慰めと平安が彼に与えられるようにと願ってのことである。ところが、次のような手紙をもらうと、慰めを与えようとした者がかえって之を受けてしまうことになる。

……別紙振替で『聖書朝鮮』誌代一年分を送付しました。『聖書朝鮮』誌代を一日でも早く送付しようと切実に思ったのですが、私の周囲の事情が許さず、心は非常に焦りました。この事業がただ単に貴兄にだけ属することであれば、それほどこのように心は焦らなかったでしょうが、この事業は主の事業でありますし、他の人が何と言おうとも、私が信者になったのも貴誌のおかげでありますれば、貴誌の代金を送らないままに読むと、非常に不安でなりません。云々。

願わくば本誌はたとい三、四人であるとしても、このような真剣な読者の手にのみ伝達されんことを。

また他の消息に、

……私は病気が全快すれば父母と一緒に農業をします。私が通学距離が近く便利な高等普通学校や商業学校を選ばず、甚だ不便な農業学校に入学したのも、身のまわりや環境について考えるところがあったからです。そうして農業学校一、二学年では農学を本当によく研究しました。学校の教科書では満足できず、毎週図書館に通い、農業に関する書籍を熱心に勉強しました。しかし私が三年生になってから、私の思想は変り始めました。「全ては力だ、団結せよ」「破壊は建設なり」などの声がどうしたものか私の心にピッタリして、一時は学校の勉強などに興味を失い、農業への関心など消えてしまいました。しかし、その時突然、このような私の身辺に極限的な患難と死が襲いかかり、初めて聖書を知るようになり、併せて、農業学校に入学した時の初志のように父母と一緒に農作業をしたくなりました。これは神が特別な愛をもって与えて下さった恵みだと言わざるを得ません。

云々。

と言って、以下にその耕作地と果実野菜などの生産品を報告してくれた。

男女を問わず母の胎の外に出ると、天然痘を免れないのが当たり前のように、現代の青年としては流行思想の潮流に巻き込まれざるを得ない。それも時期があって中等学校三、四年生の時が最も厄年であるようだ。その時は壇上に上がりさえすれば、開口一番「階級打破」を叫んで興奮し、紙とペンを執りさえすれば「プロレタリア」とか、「弁証法的唯物史観」を弄《もてあそ》ばなくては、胸に込み上げるものに耐えられない時期である。一生でこの時期を無事通過するのは、天然痘にかかり無事に命を保つのと似ている。

キリスト教の信仰に入った後、伝道の使命を受けたと騒いだり、聖霊を受けて奇跡を行おうとしたり、社会事業と農村問題の演説に奔走するよりも、この筆者の如く、両親の膝元で先祖伝来の農業に専念しようとすることは、まずは健全な信仰と言うべきである。神様が一人の人間の霊魂を導いてくださるのに、真にその知恵の深さに驚かざるを得ない。ハレルヤ！

（注・十一月は日本各地をまわり、記述なし。）

十二月

〇去る十一月、日本旅行の途中、大垣市の張道源牧師宅で一晩を過ごしながら、大垣教会の兄弟姉妹たちと特別集会を共にできたことは、望外の喜びであった。肉においては初対面であるが、霊の交わりでは数十年来の旧友のようであった。『聖書朝鮮』誌の関係で、霊の交わりでは数十年来の旧友のように相通じ得たのは感謝すべきことであった。私は使徒行伝第二十章十七節以下のエペソ信徒に対するパウロの願いを伝え、平信徒の一人一人がそれぞれ一つの教会を支え得る「長老」としての責任を覚悟すべきことと、現在朝鮮にあっては所謂「十分の一」(注・当時の教会では、収入の十分の一を献金すべき事が信者に求められていた)が問題でなく、十五条、すなわち平信徒たる者はその収入の五割を献げて福音の証しに参加すべきであり、またそうしても、平信徒たる者は伝道者に比べてずっと裕福な立場にいるのだと話した。

私自身が平信徒なるが故に、平信徒側にゆだねられた責任を気軽に言えたことを感謝した。このことに関してよい手本になるのは、北青の水商人(注・咸鏡南道の北青出身の人たちが、ソウルにやって来て水を運んだり売ったりして商売をしていた)である。彼らはその子弟を教育するのに必ずしも財産家たるを要しない。父親か兄が水桶とチゲ(注・背負いっ子)だけ担《かつ》いで上京すれば、その子弟の一人二人の学費を捻出することは容易である。朝鮮は困窮しているというが、伝道資金が無くて伝道ができないのではない。本当は生きた福音が無いからである。また、平信徒が貧しいからではなく、彼らが真実の福音の喜びを感じ得ないからである。我々平信徒に北青の水商人の熱誠さえあれば、一人が一人を支えるのは難しい事ではないだろう。百人の伝道者を輩出するには、水商人式の平信徒百人いれば足りるであろう。しかし、水チゲを担ぐ人の稀少なることよ!

○日本旅行中の所感の一つは、望遠鏡で信仰の兄弟を見ることの大切さであった。顕微鏡をもって兄弟を観察して、その一点一画まで調査しても何ら有益なことは無いからである。例えば先生の弟子同士で、「信仰だけ」だとか「行為も必要だ」とか言って、それぞれ自分が正統の弟子であることを証拠立てようとするようだが、遠く立つ我々の目で眺望する時はすべて同じようで、あるいは、一本の木の枝と葉の違いのようにしか見えないのである。顧みて、我々もこのような誤りに陥るかと思うと戦慄を禁じ得ない。

専門は貴重であるが、専門家はよく偏狭に陥りやすい。一家を成す音楽家は容易に他人の音楽を賞賛しないし、画家は他人の絵を、彫刻家は他人の作品を評価しない。細密な観察力があるからだ。その方面に対する神経が極度に発達しているためである。

そうした中でも、宗教家の神経ほど過敏なものはない。同じ宗派間であればあるほど、神経の鋭敏さは一層甚だしくなって行く。古来、慈悲と仁愛を唱道する宗教家の紛争こそ、和解ができなかったことを見れば明らかだ。

ルターとツヴィングリーの聖餐に関する論争も、結局はこの鋭敏な専門家の神経が原因となったのではなかったろうか。この点から見て、我々は一生涯職業宗教家にならずに素人であることを望み、平信徒なるを感謝するところである。我々は自説を固執して、専門家と争うほどの何らの知識と能力も無い者である。学ぶべきほどのことであれば、何時、誰の説であっても受け入れることができ、不可解なことであれば、学徒の良心をもって受け入れないだけである。ただキリストを主として仕える人ならば誰とでも、一緒に仕事をするだけである。洗礼の有無、教派の種別、個人の優劣などはさして意に介するところではない。今年は努めて「兄弟を審判」しないで、近い者であるほど望遠鏡レンズに拡大して映して見ることが望みである。

○大阪附近には約十二万人の朝鮮人が住み、その中で学齢児童は約一万人であるが、そのうち就学者は約六百人で、残りの九千四百人は学校にも行けない貧乏人の児童だという。朝鮮内陸の比例はこれよりもひどいというから、全半島に百数十万人の未就学の貧乏人の児童がいることになる。教育者に生徒がいなくなる心配が全く無いことは、火を見るよりも明らかである。

朝鮮にキリスト教徒は三十万人を数えるというから、不信者の数がまだ一千九百七十余万人も残っているはずである。どうして同じ信仰の仲間が争い合うことに専念できようか、大洋に網を投げる者が、何故漁場の無いことを嘆くのか?。開拓すべき広野は代価を要せず全面に展開し、捕獲すべき魚族が大海を泳ぎ回っているのだから。私にからし種ほどの信仰があるならば、一九三三年を迎えることがどれほど楽しく、どれほど多忙になることでろうか!

〇ある牧師の葉書に曰く、

……諸兄が心血を注いで刊行される『聖書朝鮮』誌に対しては、ささやかな誠心を込め隠れて祝賀を送っているだけで、特別なお助けもできそうもなく、却って恐縮することのみです。……私のほうが貴誌を通じて恩恵を受け感謝していることを、貴兄が知らないことを私は願いません。しかし、誌代を支払えず……恩恵を知らない者に等しいです。これからは私一人分だけでも忠実に誌代をお送りしますから、私の分だけは送って下さい。元来、貴誌は大衆を相手にするものでないことをすでに貴兄もご存知ですから、短期日内に過大な収穫を望もうと期待されないと存じます。私は『聖書朝鮮』誌のお蔭で、少なからず栄光の辱めを既に受けていることを察して下さい。貴兄は私のために努められ、私は貴兄の為に、また、辱めを受けてもたいしたこととは思いません。皆、主の為であるから! 云々。

真にみな主の為であるのだ。『聖書朝鮮』もまた、その記者も皆、しばらくすれば消えるのであり、ただ永遠に残るのは、主キリストの栄光のみである。しかし、私が人間として相済まなくて堪えられないのは、この「栄光の辱め」を自ら進んで分担する者が少数であることだ。主が彼等に報いてくださらんことを願うのみ。

一九三三年

一月

○第四十九号を発送する。来る三月を持って五十号になるが、『聖書朝鮮』として考えれば、感慨が少なくない。神様に騙されたかと思えば憤慨することもあるが、主の恩寵だったのではないかと振り返ってみれば、涙ぐみたくもなる。読者の中で五十号を記念して慰労や感謝を述べたいと思う者は、二月十日までに本社に到着するよう、『聖書朝鮮』の感想などを記録して送れ。葉書でもよい。

○冬期休暇で帰省中の若い兄弟の葉書に曰く。

……また、私には嬉しいことがあります。主にある全ての兄弟姉妹を見る時、嬉しいです。とりわけ、私たちのクラスで信仰の同志・親友を持てたことを、この上ない喜びと考えます。

云々。

クリスチャンの心情は当然このようになるのであり、また元来このようなものだった。しかし、今日のキリスト信者に果たしてこのような喜び、主にある兄弟を見て喜ぶ喜びがその中にあるであろうか。たとえば、数十年間牧会に従事した老牧師一人と対面して見よ。彼は「私はイエスを信じます」との答えに満足せず、二言目には必ず、「どこの教会に通っていますか」と質問が始まる。それから、「洗礼は?」「聖餐は?」と続き、あたかも夏の日の雲の形が変わるように、また、七面鳥の顔色が時がたつにつれて変わるように、老牧師の顔面の筋肉がふるえる。最後には、「イエスを信じる」という言葉を聞いたことを後悔でもするように、失望と憎悪が体全体にあふれ出し、初対面が永遠の別れになってしまうのである。おお、篤信の禍！　形骸の嘆き！

○すぐる一年間、『聖書朝鮮』を読んだ南海岸のある

公立普通学校の先生から、

……一年前偶然に貴誌を読むようになりました。イエスを知ろうとキリスト者になり、何よりもこの罪の身体から自由に生きようとしました。直接、キリスト者たちと接してキリスト者の生活を学ぼうとしましたが、家庭と周囲の事情が許さず、ひたすら書籍を通してイエスを知ろうと、また、信徒の実生活の記録を通して神様の実在を知ろうとしました。私が『聖書朝鮮』誌を精読した理由もここにありました。……『聖書朝鮮』誌は私の心霊の糧になってくれています。……十二回も先生の雑誌をいただき、これに僅かの文字で感謝に代えます。云々。

『聖書朝鮮』誌がこのような限られた地域に、クリスチャンとの接触も自由にできなかった所に行って慰めを伝え、友になることこそ本誌がいつも願っていたことであった。あるいは、我々の水師・李舜臣が長剣をぎゅっと握って往来した南海の島に、ナザレのイエス・キリストの平和の福音を伝えながら、この島からあの島へと歴訪する日が来ることを切に祈っている。

○多難であった一九三二年を送り、元旦の朝、礼拝を終えた後、年始の挨拶を交換した。小さい子供たちの頭の中に日本の正月だ、朝鮮の正月だという観念を植え付けないようにして、今年から我が一家は完全に太陽暦（注・朝鮮では太陰暦を使っていた）で年を過ごすことにした。実行が遅れたことは残念であったが、洞内では我が家だけの新年の過ごし方であったことは勿論である。

一月三（火）～五日（木）　三日間信仰の友数人を誘い、聖書輪読会をもった。元来、学生時代から何人かの友人としていたことだったのでおっぴらに知らせなかったが、この集会があったのを知って、参加できなかったことを残念がる兄弟もいたのを後で知り、非常に済まなかった。しかし、主が許されて来年再び開かれるようになっても、会場及び宿舎や食事などの都合によってとうてい公開できないことを悲しく思う。

一月八日（土）　崔泰瑢兄来訪。その末弟の死去を弔い、学界の動静を聞き、主のために共同戦線に立つことを望んでいる点で一致を得て感謝してやまない。

一月九日（日）　次のような喜ばしい便りが飛んで来た。

（前略）……ああ、わが主の限りない愛を讃美いたします。と同時に、貴誌は本当に朝鮮社会で初めて見る真理の機関であり、福音の唯一の使者なることを切実に認識し感謝にたえません。これからも大いに栄光を顕されることと信じお喜び申し上げます。小生等は今では現代教会と組織から解放され、日曜日毎に家庭で集会をし、何時も主だけを仰ぎ、訴え、哀願しているところです。多く愛して下さることを望み、先生からいただいた葉書の末尾に、主が許されれば〇〇に一度出かけたいと書いて下さっていることに、大変期待してお待ちしております。一日も早く一度お出で下さり、多くの恵みを下さいますように切にお願いする次第であります。云々。

『聖書朝鮮』社をソウルの家庭と呼ぶのは、本誌読者の特権であり本社の願いであり、また、主の喜びたもうことかとも思う。現在も一時に五、六人の兄弟の宿泊は大丈夫だが、将来はもう少し拡張して、公開集会もできるようにすることを願っている。また主が善き時と平坦な道を許して下さるならば、私の方から読者数人ずつ居る所であれば努めて訪ねようと思う。

一月十一日（火） 夜、朝鮮文興会（注・一九三三年一月、朝鮮文化の研究と振興のために創立された団体）創立総会に参加した。この会は朝鮮の文化と言語の研究発表が目的。私のような門外漢がこのような席に座っていることを、我ながら不思議に思ったが、大学院に入学した積りで力一杯勉強したいだけである。昨年度はハングルの綴字法を習い、多少なりとも正確な文章を読者に伝えることができて、とても感謝した。こうして、朝鮮と朝鮮語を根本的に勉強できる機会に出会えて、将来、読者諸君にもその成果を分かちあえるのではと思う。朝鮮を知り、朝鮮を食べ、朝鮮を呼吸して、将来その土に帰って行くのだから「また楽しからずや」である。

一月十五日（日） 午後二時にエレミヤ書研究会。涙の預言者が今日の朝鮮に来たら、どんなに泣くだろうか！

一月十九日（木） 満州にいる誌友の便りに曰く、

私は『聖書朝鮮』誌のおかげで（咸先生を通して）私の生活が意義あるものとなり、真理と生命と自由を得るに至りました。また、これらを持って光明に向かって駆けて行けるようになりました。私は『聖書朝鮮』を他人のものと考えません。これは私のものなのです。主が来臨される日まで時は少ししか残っていませんが、私たちが苦しむ日も何日も残っていません。感謝の讃美を捧げながら耐えて行きます。キリストが既に苦しみを受けられ、また、十字架に架かって天に帰って行かれたのですから、彼の下僕《しもべ》である私たちが、どうして安楽を楽しめましょうか。もし安楽を望み期待するとしたなら、それは私たちの誤りなのであります。主人が苦労しているのに、下僕がどうして平安を望めましょうか。主は「十字架を負って私に従え」と命令されました。彼の命令に従うことが、私たちの義務なのです。さて私は最近、日本人の中に内村という者（二等兵）がいて、信仰に熱心なのを見て感激いたしました。そして、当地に中国から来た伝道師・位約翰氏がいますが、位先生ととても親しくしています。その内村はこの位先生の所に来ていつも祈り、私は位先生の紹介で彼を知りました。日本と中国は今互いに敵であります。信仰の力でなければ日本の軍人と中国の伝道師が、一つ所で神様を讃美できましょうか？　これが即ち聖霊の力であると思います。私は満州で一生を送ろうと決心致しました。罪悪が横行するここで、神様の愛を伝えようと思います。私は内村（日本軍人）と、位先生と一緒に記念写真も撮りました。このようにキリストにあって交わることが、最も嬉しく、また力と慰めを与えられます。そして、私の提案で、ここで日曜の夜ごとに聖書研究会をします。今会員は二、三人ですが、これから主が助けて下されば、もっと多くなると思います。私は積極的に伝道しようと今準備中にあります。云々。

これは本誌三十九号に「後進恐るべし」（註　一九三二年二月二日の日記、本書七一頁参照）と書いた五山出身の兄弟の便りだ。果せるかな、「先の者が後になり、後の者が先になる」のである。すでに南満州のために献身する者が現われたのだから、次は北間島と済州島と珍島、巨済島のために身を捧げる兄弟はいないだろうか？　真剣に考えてみよ！

一月二十日(金)　仁川府の某姉妹からの便りに曰く、

……『聖書朝鮮』誌を愛読している者は誰でもそうでしょうが、とりわけ私においては、霊的生活と切り離せない深い関係を結ぶようになりました。『聖書朝鮮』誌を通して、以前には知り得なかった主の深い真理を学んでいますので、『聖書朝鮮』は絶対に遠ざけられない恩師であります。毎月月末になれば、『聖書朝鮮』誌は毎日待ち焦がれる最も愛すべき慕わしい友になりました。執筆される先生たちを中心に働かれる主の生命の偉大なる力が、わが民族全体に及ぶことを心から願いお祈り致します。

と。

一月二十二日（日）午後二時に「エレミヤ哀歌」を勉強する。今日をもって聖書研究会は一旦解散する。会員がほとんど卒業することになるためである。満州の曠野からマナを求めるという声があり、曰く、

本当に印象深く一息で全部読みました。先生、私はR君を通じて先生を紹介され、『聖書朝鮮』も読むことになりました。先生、ますます力を注がれ、霊に飢えている私たちを、真の真理へと導いて下さい。私たちは未だに真の道を見い出してはいません。ひとりで聖書研究をしてはいますが、まず教えてくださる先生がないことを大変残念に思います。誌上でもたくさん教えていただけることを願って、祈祷するだけであります。先生、満州の死地で彷徨《さまよ》っている白衣民族の状況のために、祈って下さいますように……。

満州国奉海線山城鎮駅前　〇〇

一月二九日（日）いまだ京畿地方の最低気温が零下十八度を上下する時、町内の菜園ではすでに二十余日前に種を播いたという白菜の苗が、青緑色に土の色を覆うように育った。生命の力！　農夫たちに敬意を表しながら、その栽培の労について聞く。

二月

二月一日（火）町内の長老教会牧師が訪ねて来て、教会経営の夜学校、幼稚園、日曜学校、会堂建

築などの協力援助を請われたので快諾した。我々の力で教会が助かるというのならば、教派の別を問わず力の限り援助するだろう。但し、現在の教会経営のようであれば仕事が多すぎて心配である。粟飯で満足するとすれば、夜学校の教師でもいくらでも働き場はある。そのような希望者はいないのだろうか。

二月五日（土） 夜、青年会の聖書学習会に、突然、世界一周しているというアメリカの宗教家がやって来て、一座が混乱に陥った。と言うのは、私が不運にも未だ敬意を表すほどのアメリカ人宗教家に接したことがないことを嘆いていたところに、世界一周式のアメリカ人キリスト信者がやって来たので、つい、正義心を爆発させてしまったからである。稚気、乳臭さがぷんぷんするアメリカ式キリスト教！　朝鮮キリスト教が完全に成長しようとするなら、まず、全てアメリカとの関係を、その教会と教育機関から絶縁すべきである。アメリカが能力を発揮するのは、曰く、一に黄金、二にスポーツ、三にトーキー（映画）。ただ、宗教だけは別問題である。

二月十八日（金） ある読者から寄せられた手紙に、

聖書を知ろうとすれば『聖書朝鮮』を読まねばならず、『聖書朝鮮』を読み再読すれば、おのずから聖書の内容が分かって来ます。内容が分かって来ると、私は眠りの状態から醒めざるを得ず、その時に限り無い感謝と喜悦が突然全身に溢れます。『聖書朝鮮』には色々な困難と不便なことがあるでしょうが、私の希望を申し上げると、『聖書朝鮮』二十四ページを二倍に増やし、ローマ書研究、聖書概要その他などを速く完結していただけたらよいと思います。教会の人は私に忠告して、査経会（注・聖書勉強会）があるから通うように勧めますが、そんな所に行く時間が有れば『聖書朝鮮』をもっと読みたいです。聖書の次の聖書である貴誌を読んでいると、貴誌は査経会にもなり聖書学校にもなり教会にもなります。第五十号を迎える『聖書朝鮮』の前途を衷心から祝福いたします。

とあった。

実は、こういう便りが時々あるために、『聖書朝鮮』誌の廃刊をいまだ断行できずにいるのである。そして、神はこういう読者を通して何度も私をお騙《だま》しになった。現下の状勢から見ると、『聖書朝鮮』誌のページ数を倍増するには私の月給が増えなければならないが、これは望み難いことであり、この朝鮮で読者がその発行を助け支えるようになるには、結局イエスの再臨を待って後に実現できるのではないかと思う。とにかく、私は自分のなすべきことをしよう。差し当たり、今後一年間ほどは現状維持には心配ないと思う。

二月二十六日(土)　満州で福音伝道に献身した二十四歳になる青年から結婚問題の相談があった。主のために一生涯独身生活をしようと覚悟していたようだが、結婚するように勧めた。しかし、財産、門閥、学識、美貌などを条件とする結婚を避けて、純粋に信仰的な結婚をしようとすると、なかなか相手が見つからないという。箴言第三十一章に記録されたような高貴にして勇敢な女性はいないだろうか。

三月

三月二日(木)　午後、養正高等普通学校を今度卒業する生徒の中の数人が集まり、送別感話祈祷会を持った。

三月三日(金)　今日は養正高等普通学校第十七回卒業式。卒業生全員八十名の中、私が担任した者は四十一名であった。平素儀式を軽視していた私も、この日の卒業式だけは実に愉快だった。五年間の作業が完結し、重荷が肩からとれる感じ。彼らの身体が五年間成長したように、精神的な方面でも成長したことだろう。何よりも青年の洋々たる前途に対して、慶祝の気持ちが自然と生じた。何の芸も無い私は、最後に祝福の意味で「万歳三唱」をしたが、この万歳は私の三十余年間蓄積していた気力を傾注したものだった。「万歳三唱」したためか、金剛山の旅行にでも行って来たように、数日間疲労を覚えた。

三月九日（木） 今日、固定資産税が原因で差し押えられるところをどうにか免れた。新約聖書によく「取税人と遊女」という話が出てくるが、このような境遇にぶつかった時、その意義をより深く実感することができる。人間万事、聖書解読の資料とならないものはないので、これまた幸いであろうか。

三月十八日（土） 感謝の意を表わすため、市内のある女子高等普通学校（注・現在の女子中学校）卒業式に参列した。儀式の順序がほとんど終ろうとした時、在学生一同を代表した送別の辞があり、言葉のはしばしに情感が込められていて、傾聴していた卒業生の中にはすすり泣く者がいた。次に、卒業生一同を代表して過去四年間（注・五年制が普通であったが、四年制・三年制もあった）の苦楽を追憶しながら、涙ぐみつつ送別の答辞を朗読すると、惜別の情が満場にみなぎり渡った。時に代表者一歩前進して答辞を校長先生に渡そうとすると、まだ受け取りもしないうちに老校長が声をあげて号泣してしまった。数百名の生徒が蜂の巣を突っ突いたように校長先生と共に泣く。来賓、学父兄席からもしきりに眼鏡をふく人がいた。まさに文字通り「惜別」の情が場内に溢れた光景であった。

顧みて、（注・卒業生が乱暴狼藉などを働く）修羅場を免れるをもって幸いと思う男子中学校の卒業式に比べてみると、別の時代の外国に身を置いている感じが無くはなかった。女性、男性の区別がこれほど違うのを知って驚いた。しかし、論者があって「女学校の子弟間の情誼は卒業式を絶頂として以後冷却するものだが、男子学校の子弟関係の本分というものは、歳月が経つほど深くなり熱くなるものだ」と私を慰めた。その当否は確かでないが、目下の事実としては、この前の卒業組四十一名の担当中、その父兄で担任教師の労を謝した人は（直接あるいは手紙で）二人、卒業生自身で感謝の意を表した者七人。あとの大多数は部外者のごとく何の挨拶もなかった。

三月二十日（月）「ヨーヨー」という物を初めて見た。私が知るのは今日が生まれて初めてであるが、フランスで始まってわずかの間に、全世界に流行するようになったと伝えられる。短期間にこのように広く伝播されたのは、天地開闢以来初めての記録ではないかという。ただ、数量の多い少ないが価値の高い低いを判定するということであれば、ドイツで発祥したカント哲学の徒は、フランスで発祥した「ヨーヨー」の愛好家たちに及ばない。同じ論理で適用すれば、プロテスタント教徒よりローマ旧教徒が勝り、旧教徒よりマルクスの徒がさらに勝るのであり、マルクスの徒より麻雀党がより一層勝るのであり、麻雀党よりも圧倒的な優勢を持って、満天下の大衆を支配する「ヨーヨー」党こそは最も貴いもの、最も真実なものになるだろう。しかし、虚しいかな、数量を計算する事！

三月三十一日(金）南北から同時に手紙を二通受取ったが、北から来たものは、今度、京城帝国大学予科に合格したといって恩師に感謝するとの知らせであり、南から来たのは堕落した身の上を痛嘆して曰く、「あたかも雷にうたれた蛇のように枯れ曲った草木のようになり、今は再び春の時候を待つことも難しく思われます。云々」とあった。この二人の青年は、今から満五年前の四月一日に一緒に養正高等普通学校に入学した生徒である。

当時は二人とも天使のように汚れ無く毒気の無い

可愛い子供だったし、一学期の成績が北の子は七十人中の三十四番なのに、南の子は同じ組で二十一番の好成績を挙げた。以後北の子が向上したのに反して、南の子は二年生から三年生にかけて大都会の魔の誘惑に陥り学業を中途で放棄し、ついに今日の嘆声を発するに至った。一時は仇敵みたいに思っていた担任教師に「‥‥今になって思うと、先生は私にまで感動を与えました」といい、「どうか今後は学校に通っていた時のように、先生の近くに下宿しようと思いますので（在学当時は遠方に下宿した）、何とぞよい教育と多くの御指導をして下さいますようお願いします」とあった。

主イエスの言葉に「九十九匹の羊よりも失った一匹が一層可愛いい」とあり、マホメットの言葉に「天下で最も美しいのは悔い改めた罪人である」とある。私のオネシモの手紙を机上に置き、流れる涙を禁じえないのは、生徒一人の失敗はすなわち教師の失敗であり、教育の失敗であり、人生の失敗であるからである。また、生徒一人の悔い改めは、すなわち教師の蘇生であり、道徳の再建であり、人生の希望がそこにあるからである。「誰か一人でも弱ければ私は弱くなり、誰か気にかかる他人があれば熱くならないだろうか」である。

四月

四月二日（日）　意外な消息に驚いた。去る三月に卒業した生徒一人が、京城帝国大学医学部予科の入学試験に落ちてしまったが、その口頭試験の時、

問　世界で一番良い書籍は何か？

答　バイブル（聖書）であります。

問　（驚いた顔色で）お前は耶蘇信者か？

答　はい、イエスを信じます。

問　お前の家庭は皆キリスト教信者か？

答　違います。私だけが独り信じています。

問　(再び驚きながら)どのようにして信じたのか?
答　我が学校の担任の金某先生がイエスを信じておられる故に、私も信じます。

と答えたので、軍服を着た試験官が非常に不愉快な表情をしながら、「出ていけ」とドアを指差したと。これは間接的に聞いたことである。事実、このようになれと私自身願いはしたが、実際彼が一生の運命を賭けて、このように大胆に信仰告白をすることは予期していなかった。「青出於藍勝於藍」(青は藍より出でて藍より青し)とのことだが、彼は聖書を学んで満一年もたたないのに、教えた教師より勝ること幾十倍か、三度イエスを知らないと否認したペテロよりも英雄だ。ただ私は責任を感じ、その落ちた原因を信頼する所から内々に探ったら、それはキリストの故に落ちたのではないことがはっきりと分かったので、漸く安心した。彼は耳の病気があり、将来聴診器を使用するのに不足であるということで合格しなかったという。試験の成績は抜群の好記録とのことで、大学当局者も残念がっていたとのことであった。

四月四日(火)　養正高等普通学校一年生百二十人の入学式の日である。担任教師として、父兄と生徒に対する挨拶の要旨は次のようであった。

……最近入学難がひどいので、父兄が試験前に我々に特に頼みに来たり、合格できた後に謝礼の言葉を申される方もおりますが、内容を知って見ると、これほどおかしなことはありません。

合格者百二十人の中に普通学校を首席で卒業した者が約一割以上、五番以内で卒業した者が四割以上、十番以内が約八割以上です。すなわち、普通学校以来の成績と入学試験で発揮した実力で合格できたのですから、だれかに感謝の意を表する必要はいささかもありません。生徒諸君は公平無私な試験に合格し、「自力入学」できたことに自信を持ちなさい。第一に、世の中に「僥倖《ぎょうこう》」というものは無いということを知りなさい。

こうして選抜された生徒だから、我々担任教師にはその「結ばれたご縁」が不思議でなりません。地からわき起こった玉なのか、天から降ってきた金星ではないかと貴重に思われます。この先向う五年間、我々は一大芸術的な仕事をまかされたのですから、中途で退学する人は教育を盗む者であり、芸術品を破壊する者でありますから、養正高等普通学校をこの上ない学校と満足して、私たち担任教師を信任してクラスの一員になったことを幸福と思って下さい。でなければ、今すぐ子弟を連れて退学を申し出て下さい。

最後に申し上げることは、若い生徒たちのあどけない姿を見ると、その瞳には学ぼうとする憧憬、敬慕、従順、素朴な心情などがきらきらと輝いています。しかし、非常に嘆かわしい事実は、この天使のような生徒たちもその大多数が数年も過ぎずに、見るに耐えない悪党と化してしまうことであります。学ぼうとする態度から教師を批判しようとする態度になった時には、生徒としては行く所まで行ったものと思いなさい。

新式教育だと言って妙策があるように騒ぐ人がいますが、我々は一言で言えば旧式であり、読書百遍意自ら通ずである。汗のため着物がびしょびしょになるまで努力すべきであり、破壊よりも建設主義であり、上海やシベリアの地ですることではなく、ソウルで朝鮮総督府法令下ですることであります。無責任な空想ではなく現実的な教育をすることが我々の責任であり、無理な注文は初めからお断りします。これに関しては、今日付けの『東亜日報』社説を参考にされることをお勧めします。云々。

四月十六日(日)　今日から聖書研究会を再び始める。参加者がない場合、時間が空くので博物採集にでも行こうかと思っていたが、意外にも熱心なる新参加者を見ることになり、継続することになった。この日の午前は洞内の長老教会で説教をする。

四月十八日(火)　私の出生後一万千六百八十九日になる日である。ただし、柳永模先生の御苦労によって計算されたものである。

四月二十三日(日)　午後、エゼキエル書の第二回を講じ、その後、鍾路の青年会館で柳永模先生のヨハネ福音書第十七章の講話を聞いた。

四月三十日(日)　どうしても町内長老教会に正式に入会せざるを得なかった。無教会信者の危険性を警告しても効果は無かった。数年の間見て来たが、私の唱道する福音が正統であり真理であったという、教会牧師の証しを聞いて私も安心できた。

五月

五月四日(木)　夜、洞内の長老教会でエペソ書第二章を講じる。

五月七日(日)　午後二時に本社で「ダニエル書」のあらましと第一章を学ぶ。ダニエル、ハナニヤ、ミシャエル、アザリヤなどの少年を養育したイスラエルの家庭に学ぶことが多かった。やはり、聖書を勉強する時間だけは後悔なく過ごすことができる。

五月十日(水)　朝、元山在住の誌友某氏が『新しい生命の道宣布』一冊を送ってくれ、一読して驚いた。尊敬する者たちが関係した書籍であり、また、現代キリスト教会が圧迫を受けているという点で、同情を禁ずる事が出来なかった。もし『新しい生命の道宣布』の内容が全てその通りであるとすれば、キリスト教を誤まらせることが少なくないことを心配せざるを得ない。

五月十一日（木）　夜、長老教会でエペソ書第四章前半を勉強する。

五月十二日（金）　市内のある印刷工場で見習中の青年から、五月号『聖書朝鮮』誌の「朝鮮教会と教役者諸位に」という文章の中に、

……ひたすらキリストの生命を頂いて、その生命を胸に抱きキリスト的行動をすることが信仰である」という個所に賛同できます。それ故に、小生は率直にキリストに従い、彼の教えとその行ったところを学び、そのまま生きることを願っています。全ての苦悩に耐え真実なる人間となることによって真実の朝鮮青年となり、真理のためにイエス・キリストの美しい十字架の犠牲の道を歩みたいと願っています。云々。

これは養正高等普通学校四年生になった時、家運が傾き、やむを得ず中途退学したプロレタリヤ青年の初めての信仰告白である。勿論これだけでは完全なキリスト教の信仰とは言い難い。しかし、宗教的な中毒患者になり、酔ったように神秘の世界にひたり、所謂不思議な事や奇跡だけを求める「狂信的」な信者よりは、このような「未熟な」信者の方がより堅実である。それにつけてもまず、真実な朝鮮人になることである。そうすれば、十字架の道も自然に分かることになるだろう。それ故、我々の興味は既に信者となった人と議論することではなく、一度もキリストの名前を聞いたことのない反骨精神旺盛な青年を相手にすることにある。キリスト信者三十万人でなくて、未信者千九百七十万人が問題である。

五月十六日（火）　蔚山の誌友から、

暗黒の広野に福音を呼ばわる愛する兄上、日ごとに主の恩寵を受け平安であられますように。今月号に南鮮《ママ》旅行の予告をされていたの

で、当地の読者諸氏と信仰家族が貴兄に一度お会いして福音信仰の故に交わりたく、その節には日程を通知下さるようお願いします。また日程が短くても、二日間は泊まられるように定めて日程を組んで下さい。

と詳細な地図を添えてあった。出発する前から朝鮮を学ぶようにされることは、得る所大なるを深く感謝してやまない。

五月二十五日（木）エペソ書第五章前半を学ぶ。今日から本誌の印刷所を、基督教彰文社から鎌倉保育園印刷部に変更する。古い関係を切ることは寂しい事であるが、止むを得ない事だった。真実な印刷屋を発見できるよう祈り求めて止まず。

五月二十六日（金）慶尚南道の某公立普通学校の教諭である誌友から、李舜臣最後の戦場であった河東・露梁付近の綿密周到な地図を付けて、来訪を促す言葉に、

……限りなくつまらなく醜い者で、大変聖なる真実な方の前に出るのは至難の業で、これよりさらに大きい事はないと考えられます。しかし、今まで歩んで来た道が虚しく、無定見で嘘だったことを悟り、世俗的で偽善的な生活に生きる興味を失った者として、偶然にもイエスを信じキリストの道を歩んで行くようになりました。しかし、根本的に堕落した者であり、土から生れた者が、どうして至純なる神様の事を推測できるでしょうか？　考えがここに至り懐疑に取りつかれ、不信の嘆息を禁じえませんでした。しかし、聖書を信じ信実な先輩たちの文章を読むようになって、今一度神様を知ろうとせざるを得なくなり、イエスを信じ生きる心が切実になりました。わが主イエスの血の力が私の虚しい肉体を完全に飲み込み征服して下さるまで、十字架だけを仰ぎ見ようと思います。……

『聖書朝鮮』誌第七月号に嬉しい広告を見て、神様に讃美を捧げ、先生に感謝をいたします。云々。

とあったが、私の心はすでに左水営、右水営（注・李朝時代の水軍地方長官の軍営）をめぐり歩いているようである。

去る五月初めに発送した『聖書朝鮮』誌第五十二号中、一冊が「受取人死亡」という附箋がついて帰って来た。平安北道博川郡の金雲京氏宛のものであった。もともと少数の誌友の一人であるが、このように読者と死後に出合うのは初めてであり、一度も面識がないだけではなく、一回の手紙のやりとりもなかったことがとりわけ残念で、彼がどのようにして『聖書朝鮮』を読むようになったのか、彼の臨終の光景は勝利であったのか敗北であったのか知りたいと願っていたら、咸錫憲兄から次のような便りが届いた。

金雲京兄のことについてお知らせいたします。私も知らず、博川の朴勝凡兄に伺った後手紙を送ることになり、遅くなりました。朴兄は聖日ごとに汽車でわが集会に来ています。それなのに先週欠席されたため、昨日になってようやく聞きました。同兄も直接兄にお知らせすると思います。私も聞いて驚き、嬉しく讃美致しました。金兄は、以前は人間の中の極悪人と言われていたとのことです。無知で飲酒癖があり、職業は自動車運転手であるが、いつも自分の親父を殴打し、とても口では言えない悪行の人だったとのことです。しかし、ひとたび悔い改めたら、その前の悪行の熱気は信仰の熱に変わり、伝道に熱心になり、父親に対する態度を改めたことは勿論、会う人ごとに伝道したとのことです。車を停めて「私を見よ、私を見よ」と言うので、聞いた人は、何を言ってるのか分からなかったとのことです。その後、宣川の美東病院の運転手になったとのことです（それも、その前にいた会社では信仰に不自由だとして辞めた）。

楊仁性兄が宣川におられた時、楊兄が伝道をしたようです。「教会に行かない先生がいるが、彼の話は私にとても深く入ってくるんだ」と言ったとのことです。ところが、そのように一生懸命伝道するうちに、喉を痛めました。吐血をしたとのことで、病はとても重かったようです。しかし、少しも怯《おび》えることなく、主が自分の病を治してくださると言って過ごしていましたが、とうとう病状が良くならず、一年間を深遠寺で療養した後、しばらくして召天してしまいました。伝えられるところでは、最後までしっかりした信仰を持って凱旋したとのことです。おそらく彼を短期間に太く短く用いることが、神様の御経綸だったようです。ところで、その上にまた驚くことは、彼の夫人は元は娼婦で、金兄が放蕩していた頃に出会い夫婦になったそうです。その後信仰に入り、今はその容貌まで、以前とはすっかり変わってしまったとのことです。金兄の入信経路は今は詳しくは分かりませんが、聞くところによれば、孟中里（金雲京兄の故郷）普通学校に桂熙重という教諭がいました。桂熙重氏は篤実な信仰を持ってその教会の創設もしました。その彼が金兄に伝道、ついに悔い改めさせたとのことです。彼はそれ以前は桂氏を知らず、私もこんなことがあることは知りませんでしたが、去年王壺洞の薬水で偶然桂氏に会い、滞在中何日もたたない間に誰よりも親しくなって過ごした事があり、氏は今は宣川の三峰普通学校にいらっしゃるが、とても良い方だと分かりました。そうして見ると、主の働かれることは、本当に不思議であります。我々が知らないだけで、金雲京、桂熙重は言うまでもなく、すでに古くからの友達でした。ハレルヤ！。

このような事を知ってみると、運転士の金兄に地上で一度も会えなかったことがさらに悔やまれ、振替払い込みの通信文を探したところ、ただ二枚だけあったが、その一つは一九三二年一月孟中里から、

　新年を迎え、天父様の恩恵の中、貴社の発展をお祝い申し上げます。現下の朝鮮において『聖書朝鮮』誌は、信者に少なくない内的生命を伝えて下さることを覚え感謝するところであります。云々

と。二つ目は同七月博川から、

　拝啓　貴社に神様の恩恵が充ち溢れることを祈ります。この間、『聖書朝鮮』誌を通して神様が不信の私に教えられた事は多大であります。天的生活を奨励するために叫ぶ『聖書朝鮮』誌は、私の化石化した信仰を絶えず覚ましてくれ、成長する信仰を教えて信仰生活をさせ、豊にしてくれたのは『聖書朝鮮』誌の文章であったことを特別に感謝いたします。今後も私の霊肉を覚醒させる真理を叫んで下さることを祈ります。

とあった。やはり、キリストは罪人に必要でした。その福音と救いは、まさに彼らの肉となり生活となった。しかるに、品行方正で専門教育まで受けた者たちにとっては、イエス、イエスと言うことほどつまらないことはないと言う。人が偉大な使命感に目覚めるには、一生涯がかかる。しかし、ああ、無学なる悪人・金雲京兄には「私を見よ、私を見よ！」という力があった。

六月

六月二日(金)　再び金雲京氏に関する詳報に接し

て、先に逝った友を思慕すること切であった。

……私も同郷人ですが、金氏の詳しい来歴は知りません。同じ教会で五、六回会ったくらいで、深い交わりを結ぶ機会はありませんでした。しかし、私が知るままに、また、調べたままにお話しするならば、次のようであります。金氏は二歳の時に母親と死に別れ、水運び屋である父親一人の手で育てられ、十七歳頃に普通学校を卒業した後、自動車運転見習いで某会社に入社し、後に運転手になりました。この時から放蕩の生活が酷《ひど》くなり、酒色その他不倫などがあったということです。その後、二十三歳の時に当地の公立普通学校の先生をしている桂熙重氏の伝道で入信。……入信後一年もたたないうちに宣川に移転し伝道をしたそうです。あまりに高い声で伝道したために肺炎を起こし、吐血が始まってからずっと病は止まなかったということです。病床にあっても最後まで「私は悪人でありますが、主よ、私の全てを引き受けてくださいませ」と祈りを止めず、全ての事に信仰で生きたとのことです。金氏が『聖書朝鮮』誌の読者であったことは意外でした。金氏は間違いなく主の証言者であったことは明らかです。金氏と長く交際できず、永久に先立たれたことは、少なからぬ寂しさであります。云々。

受験準備や運動競技をして、肋膜炎にかかった青年学生がいるという消息は時たま聞くが、福音を叫んで肺炎で死に至る運転手がいたということは初耳である。聞くところでは、咸鏡南道地方のある老信徒一人は毎朝明け方に登山し、力一杯声を出して祈祷する時、この祈りの声が聞こえる所までだけでも救ってくださいと、真剣に祈祷するとのこと。これと似たような事だが、人間の知恵より勝るのが天国のことである。この日、誌友の安商英氏が醴泉《れいせん》から炎天下に六百余里（注・朝鮮では、一里は四百メートル）を自転車で訪ねて来る。「有朋自遠方来不亦説乎」（朋《とも》遠方より来るあり、また、喜ばしからずや）。

六月四日（日）　午後二時にダニエル書の学びを終え、午後六時から崔泰瑢氏の歓迎会を本社で開く。崔兄は今から十六、七年前に水原高等農林学校を卒業したので、当時の同窓の学友のように出世していれば、今は相当な地位や財産を所有したであろう。しかし、彼が世の中から得たものは一つも無いばかりか、若干の所有さえも主イエスのためになくしてしまい、今は「身体」だけでキリストの肉弾となり、世の中に向かって一身を捧げようとされている。預言者はその故郷に容れられないと言うが、朝鮮でも伝道者ほど孤独な者はまたとないだろう。飛行士が故国訪問飛行する時と舞踊する少女が公会堂で公演する時、またマラソン選手がオリンピックで優勝して帰国する時、民衆はあたかも救主を迎えるかのように対応するのに。

しかし、独立伝道者の一人がキリストの証しをして路傍で餓死したとしても、四十万人の京城府民に何らの痛痒をも感じさせず、二千万人の民族に無関係であることを考えれば、一人よりも二千万人の方が大事であるに違いない。半島にキリスト教が布教されてから半世紀、初めて外国勢力とか組織、機関等に頼ることなく、朝鮮のために自らを捧げる伝道者一人が立った。人々は今後の半島霊界に初めて気骨のある人を見るだろう。

六月八日（木）～十六日（金）　夜、長老教会でエペソ書の学びをする。同十二日まで昼夜辛苦して執筆してみたが何も書けず、結局書いたのは「原稿不成　是吾憂也」だけで、一時ペンを投げ出した。十六日は、満州で父親を匪賊に人質として連れ去られた誌友の消息に接し、驚きかつ悲しむ。

六月十八日（日）　午前は洞内の教会で説教し、午後ホセア書を学ぶ。

六月二十三日（金）　午後、崔泰瑢・柳錫東両兄と一緒に水原高等農林学校に行き、夕方八時半からキリスト教講演をし、終列車に乗り遅れたので水原邑で一泊した。学生の中には昔のような信徒は見られないが、教授の中に篤信者がいたのは驚くべき摂理であった。それ故機会さえ与えられれば、いかなる学者と群衆の前でも福音を恥としないだろう。

六月二十四日(土)　水原からの帰途に梧柳洞で集会をする。梧柳洞には宋斗用兄の農場を始めとして教友の集落が一つできあがっていた。宋兄の西瓜と真桑瓜とは南大門市場でも名物になっているが、今年も豊作のようだ。それ故に嬉しかった。

七月

七月初旬　嶺南地方の水害報道についての便り一つ一つに、神経の縮じむ思いをせざるを得なかった。特に、八月に控えた南海岸の旅行を目前にして、被害地方の誌友たちの様子がとりわけ心配になるのは、心情としてどうしようもなかったが、結局、南朝鮮訪問は八月前に行うことができなくなった。

七月八日(土)　本誌の西北地方の読者を歴訪中である安商英氏の第二報が来て、誌友たちの近況を知り福音の勝利を聞けて、喜びを抑えることができなかった。安兄は京畿、黄海道地方を経て平壌まで西進したが、そこから旅程を東に変えて元山へと関東海岸を一巡することになった。

七月九日（日）洞内の長老教会の諸職諸氏が来訪し、堂会の決議として、当教会の日曜学校長に推挙したので承諾せよとの申し出を受け、事があまりにも意外であることに驚いた。聖書の本文は読んでも、万国日曜学校のテキストというものは生来一度も読んだこととことがなかったので、教える資格がなく、『聖書朝鮮』誌の執筆も思うようになっていないという理由を挙げて辞退したが、元々向こう側は多数でこちら側は一人で、断る言葉より強く勧める言葉がより多く優勢になり、結局辞退できない事情になった。後になって後悔したが、第一は私の優柔不断な性格を。第二は彼らの非キリスト的精神を。『聖書朝鮮』の存在を無視するように、その発行には何らの支障にならないと仮定し、ただ彼らは援助を受けねばならず、また、彼らを援助することだけが神様の栄光を顕すことと一方的に決めつける「確信」が哀れだった。だが、これは教会だけではない。朝鮮の多くの篤信者たちは、与えることより受けることを幸福だと思っている。しかし、利用されながらも意識的であれ無意識的であれ、有形無形なものとしてであれ、与え、生きられる日があることは感謝だ。

七月十四日(金) 夜、水原高等農林専門学校の佐藤得二教授の来訪があり、李圭完翁の農事を話題の中心にして夜半まで快談し、後日、一緒に李翁の農場を訪ねることを約束して帰られた。その義理堅さに学ぶことが多かった。

七月十八日(火) 最近外国からの援助を中止されたある教派に属する誌友が、その教団内の混乱した状態を詳しく述べて嘆いた後、「それで、我々は今日、教界の経済的な大難儀に出会うにあたり、むしろ、これを宗教教師の整理を兼ねて行う宗教の行政改革の好機として受け入れる必要を感じます。朝鮮内にあるキリスト教団体は遅かれ早かれこの問題にぶつからない教派は無いものと思い、一時的な安逸に満足するよりは、むしろ、自ら進んで自力更生を図る覚悟をすべきであることは、今後朝鮮キリスト教のために急務だと思います。云々」と言う。同感である。最近外国の経済的な援助が中止されることによって、教会と教会に関連した機関がほとんど致命的な影響を受けたことに関して、我々も同情を禁じ得ないところである。しかし振りかえってみると、朝鮮は何時までも他国に依存すべきではない。言葉巧みな男子と涙もろい女子代表を派遣して、アメリカからの資金援助を求めることを何時までもよしとすることはできない。全ての事がそうだが、特に万事の基礎となる救霊事業にあって、朝鮮は他の世話のなりっ放しではいけない。一日も速く自立すべきで、可能ならばアメリカやその他の外国から受け取ったものを返却すべきである。「受けるよりも与える方が幸いである」というキリストの言葉を、我々も一度生活化する必要を痛感する。多数の似非《えせ》教役者たちが結局、今度の動揺で淘汰されんことを願ってやまない。しかし、少数の真実な教師たちは、難関に当たってなお一層主の栄光を発揮せんことを。朝鮮教会が既に受けた神の恩恵を忘れた時、主の助けがこのような状況に至らせたものと思う。

七月は文字通り「忙殺」された一ヵ月だった。ひと月を三分の一ずつ三種の仕事をした。初めの三分の一である十日までは、本誌の原稿書きと『山上の垂訓』の出版準備で過ごし、中間の十日間は、一学期の試験と成績の作成で昼と夜をつぐようにし、二十一日からは、『聖書朝鮮』誌第五十五号と『山上の垂訓』の校正が同時に始まり、丸一週間、夜中以外は印刷所で炎暑と戦った。仕事は月の初めよりも最後が次第に多忙を極めた。最後の一週間は友人たちの応援と慰労までも受けたが、月末に雑誌と『山上の垂訓』ができ上がった時には半病人のようになっていた。月日の経つのも気づかずにひと月を過ごしたことを回顧すれば、三十日を過ごしたのでなく、たった三日が過ぎたように短く感じた。小人閑居して不善をなすと言うが、多忙なことも一つの幸せかとも思う。

八月

八月四日(金) 雨　午前九時に京城駅を発ち南行

する。出版法抵触に関する事件と天候不順の関係などで、予定よりも遅く出発することになり、焦燥感は一様でない。鳥致院で乗り換え、忠北線の終点である忠州に下車したのは午後四時ごろ。S君の外三、四人の養正高等普通学校校友に会うことと、壬辰の乱(注・豊臣秀吉の朝鮮侵攻)の史跡を尋ねたかったので、雨の中を自動車で市外二キロほどのところに申砬将軍が背水の陣を敷いた弾琴台を見学した。その地形は権慄都元帥の陣地だった幸州の徳陽山を彷彿させた。半島の中央であることを標示する中央塔と、将軍林慶業の忠烈を記念する丹月台は遠くから眺めるだけで日没を惜しみ、刻々増水する達川を渡る。忠州を中心としたタバコの年産額が二百万円(三百七十五万キロ)に達し、北に開城人参、南に忠州タバコで、二大特産物が対立して発展するとは初めて聞く教材である。地域の風情に関する貴重な民話を聞き、忠州盆地での一夜を過ごした。(京城―忠州)

八月五日(土)　曇後晴　午前八時半、忠州を発ち鳥嶺に向う。竹の杖にわらじ姿でゆっくりと小白山脈を越えながら、千歳《せんざい》に悔いを残した申砬将軍の兵法を詳しく学びたかったが、連日の豪雨のため意を果たせず、自動車が走るまま梨花嶺と小鳥嶺を越えながら、天険なる鳥嶺の三関の跡を眺めるばかりだった。聞慶邑を過ぎ慶北線店村駅で汽車に乗り換えた後、小一時間で午後三時半醴泉着。誌友数人を訪ねたが、皆初対面であった。教会の職員諸氏まで同席して歓談することができたのは望外の喜びだった。ただ、話題の中心が元山の女預言者の奇跡についてだったために、提供するほどの新しい話題も無く、聞くほどの大きな興味も湧かなかった。

また、大邱のある長老は祈祷の「聖霊」を受けたので、しばらくの間祈れば、その体が天井についたり離れたりすると、大変不思議がって話す人もいた。

朝鮮キリスト教界の現状がこの程度だから嘆かわしい。こういう時代に宗教を語って回る者は本当に愚かと言うしかない。

使徒パウロが「わたしは福音を恥としない」（ローマ一・一六）と大胆に振る舞ったのも理由のあることだった。市内には長老教会が一つだけなので、今日明日の両日にわたって有名な音楽家の伝道演奏会があるということで公開集会は中止することになり、ただ、読者二、三人の兄弟と一緒に一問一答し、我々の話はとどまるところを知らずして、早暁三時半にやっと終わって休息の自由を得た。（忠州—醴泉）

八月六日（日）　晴　旅程が急がれるのでやむを得ず醴泉を辞して、午前九時安東に向った。地理に関する調査を主とし二、三の養正の校友を訪ねたかったのだが、昨夜無理をした疲れで目的の半分も果たせずに、安東旅館の親切な接待を受けながら休息をとるだけだった。月夜に賛美歌が聞こえてくる方向に耳を傾けながら行くと、そこに法尚洞教会があり、丁度「経済と宗教」という題目で大学生とみられる人の講演が始まり、「・・・経済という言葉は節約という言葉とは違います。云々」と語っていた。（醴泉—安東）

八月七日（月）　晴　午前五時の汽車で安東を発ち、八時に金泉着。二、三の校友を訪ねた後、午後三時、大邱駅到着。K君の出迎えを受け、案内されるままに客となる。早くから運動選手として心身共に健やかで前途が保証されていると思われた時は、宗教問題なんか一顧の余地だに無いとしていた君であったが、ここ数年間実社会で揉まれ、とりわけ不治の重患にかかった後に、ナザレのイエス・キリストの十字架を仰ぎ見るようになり、君は私を迎え、私は君を訪ねざるを得なくなった。「丈夫な人には医者はいらない。ただ、いるのは病人である」（マタイ九・十二）という主の言葉を考えながら、共に人生を語った。余った時間に南城町の漢方薬市場と智院横町にある金持ちの集団居住地を見学しながら、地理の勉強をする。安東の金、権の両姓と大邱の徐氏などに関する説明を聞くことができたのも有益である。(安東―大邱)

八月八日(火) 晴 立秋。養正高等普通学校一学年に今年の春入学した一人の生徒の家庭を訪問しようと玄風旧邑まで往復しながら、九十九匹の羊を置いて失った一匹の羊を探す牧者の譬話を再び考え、キリストに感謝しながら小事にも力を尽した。途中、洛東江流域では増水被害の跡が至るところで見られた。世に知られた花園公園も洛東江のほとりに見えた。

午後一時、大邱を発ち蔚山に直行。途中、東の都慶州(注・新羅時代の都であった)と仏国寺が非常な力で私を引っ張ったが、時間が許さず降りられなかった。午後五時四十分蔚山に到着すると、山も河も初めてであり、誌友たちも初対面だ。その一室に会合した光景は見る者をして、初代教徒たちがエルサレムを迫害で追われ、アンテオケに逃れ鳩首《かくしゅ》していたことを連想させる。実際、梁山教会と金海教会で迫害されて逃れて来た兄弟もいた。(大邱―蔚山)

八月九日(水) 晴 小雨。蔚山で一泊して、午前中は兄弟たちの案内で市街と鶴城公園を見学した。蔚山湾の隆起によってか壬辰の乱当時、日本の兵や船が遡行したという太和江が、慶州の河川と同様に白砂だけを見せて、市街は漸次東南に移動して丘陵地帯から低湿な平地地帯に発展中である。鶴城址は朝鮮内地で見ることのできる唯一の日本式の築城であろうし、この蔚山は古来軍事上の要地となる因果などを考えながら、定期飛行機の着陸を待つ。午後は李圭明氏の部屋で誌友と会談し、夜には蔚山礼拝堂(教会)で水曜日礼拝。私はエペソ書第二章によって、入信以来の信仰の告白をする。(蔚山宿泊)

八月十日(木)　晴　(蔚山―彦陽―通度寺―梁山)

午後九時蔚山を発ち彦陽邑に至ったが、新築中の天主教会堂の花崗岩で造られた塔は中空にそびえていた。再び車を駆って通度寺前で下車。約二キロの平坦な大路を松蔭と清い谷川に沿って友と上がって行くと、樹林の生い茂る盆地の中に大きなお寺が見えた。金圓峰氏の案内で伝説を聞き宝物まで見物したが、寺院に宝物は禁物であることを再び感じる。宗教はやはり天主教、仏教こそが宗教であると臭気が芬々。この点から見てもプロテスタントは宗教と称すべきでない。下山して午後二時半のバス便で約一時間後に梁山到着。金徳峰氏を訪ねると、すぐ梁山川に水浴びするため案内された。今度の旅行中の最大の歓待だった。夕方にはT氏が蔚山から来るし、K長老父子のほか多数の信徒が来訪。礼拝堂の付属室で金徳峰氏と同宿。梁山は慶南第二の町であり、その平野は水利組合によって初めて沃地に変ったと。新築の青年会館は四千円もかかった大建物であるが、無用の長物と化したということは何処の集落も同じである。

八月十一日(金)　晴　朝、第一コリント書第二章朗読。(梁山―梵魚寺―東萊―釜山―統営)午前九時梁山発、一時間足らずで梵魚寺入口に到着。少し高く険しい山道を二キロほど登ると、清風と清らかなせせらぎが合わさって仙境を成す所に寺院が見える。案内人、建物、樹林、その他、何れも通度寺に比べることはできなかった。下山して一時の車で発ち、温泉の東萊邑などを過ぎ、午後二時ごろ釜山に到着。牧島(影島)公立普通学校に立ち寄り、琴智潤氏の整理品である南洋の貝殻類を見て、水産試験場を見学した後、旅程の一部を変えて海路で統営に向い、夜十二時過ぎに上陸した。客引きの案内するままに宿泊したのは、朝日町の南豊旅館だった。

八月十二日(土)晴　第一コリント書第三章朗読。

（統営に宿泊）

午前中に統営公立普通学校に立ち寄り統営に関する地歴の大要を聞き、統営町の案内書一冊をもらった。その後丘に登り、あるいは湾頭に降りながら、三百五十年前の光景を想像して見たりして、午後は水産学校を訪れたが標本も見ごたえするものは無く、先日の暴風雨で破壊され荒れはてた跡だけが学校の内外に見える。暴風雨の被害というよりは陥落した砲台といった方が適切なくらい、統営の港湾は見るに忍びない光景であった。海岸で泳ぎながら、幾種類かの貝類を採集して宿に帰ると、K君が訪ねて来ていた。

八月十三日（日）晴、第一コリント書第四章朗読。（閑山島に遠足、統営に宿泊）

朝五時起床。魚市場を見学したところ、京城魚市場と売買の様式が同じで、別に珍しい点は無い。そのまま続いて統営の自慢である運河と海底トンネルを踏査する。東洋唯一のものという噂さにひかれて観光客が絶えないとのこと。

朝飯の後、K君の斡旋で発動機付き船一隻を借りて、閑山島の制勝堂まで往復した。片道に約一時間かかり堂前に至ると湾内にまた小さな湾があって、壬辰の乱（注・豊臣秀吉が一五九二年に開始した侵略戦争で「文禄の役」のこと）当時、日本兵が袋の中の鼠のように捕えられた所だと船頭が説明する。今でも当時の武器が海底で発見されるという。船から下りて石段を上がると、初めて色どりも鮮やかに映える殿堂が林の中に見える。ここに避暑に来た家族があり、その訪問客がとても羨《うらや》ましかった。今春五月に落成した楼閣内は、今度の長雨で湿気がひどく、再び修理中とのこと。西瓜と菓子で空腹を満たした後、帰りの帆をあげた。船の修理の時間を利用して数回水泳をする。海水の澄んでいること碧玉のようで、李舜臣将軍の心情であるかのようだ。

七時ごろ統営に帰り、金宗洽氏とも会い、一緒に長老教会に出席すると、機敏な陳牧師は私を見るやいなや説教を求め、やむをなく登壇して感話を少し述べた。婦人席の方はほとんど満員であったのに、男子席に青年が少ないのはさびしかった。統営にも青年会館があり、二階建煉瓦造りの堂々たる建物であるが、やはり閉鎖中という。惜しむべきことである。

八月十四日（月） 晴　第一コリント書第五章朗読。（統営―鷺梁津―南海―柳林里）

午前中は金宗洽氏とK君と一緒に、明井里にある忠烈祠に参拝のため往復した。途中S君を尋ねたところ、老母が待っていたかのように息子の失業苦を訴えた。午後一時半、南海に向って統営を出帆する。船中で鄭鍾黙翁に会うが、翁は南海産業組合長であり、C兄はその理事でお互いに親族だとのことなど、南海に入って行く予備知識を得た。午後五時半ごろ鷺梁津に上陸すると李舜臣戦死の地であり、C兄の故郷の玄関に当たり、感懐がおのずから激するのは、海峡の激流が乗り移ったようである。待っていた自動車で南海町に向うと、途中李落山、観音浦を右に、大寺里古県公立普通学校は左の方に見える。六時半に南海町到着。産業組合にC兄を訪ねて会つてみると、お互いに生きていたことが奇跡のようだ。邑外の柳林里にあるC兄の仮住まいの客となり、長い間心中に抱いていた疑念の思いが溶けた。島や山も多く畑も多く、蚊はなおさら多い。電灯は無論無く、ランプまで故障だというので暗い中で話すだけであった。

八月十五日（火） 晴　第一コリント書第六章朗読。（南海に宿泊）

午後中に深川里のC兄の本宅に彼の母堂を訪ねて挨拶する。C兄の長子碩熙が昨年四月に出生し、次子は胎中にあり、兄上は理事に就任したし、末弟は農業をしながら家庭生活と母堂の面倒を見ており、これが所謂「万事好都合」である。暮らしに不満は全く無いと言わんばかりに、老母堂のお顔に平和と喜悦が輝いているのも自然の勢いである。

C兄は市街に出れば理事職で待遇され、その威光は従う友までに及ぶのもまた当然である。こういう時なので、私は長年祈り願っていたこと、今度の旅行の核心となる目的を強いてC兄に打ち明けることができなかった。連日の疲れをいやすため、C兄を産業組合に送り、独り柳林里で横になり、柳錫東兄がくれた手紙を読もうとすると、やるせない涙だけが耳元に流れて、胸を打つ激しい鼓動がついに号泣となった。私も夢中で南海まで訪れてきたし、柳兄の手紙も夢物語である。しかし、現実を見た者は悲哀を感じた者である。仕方なく明日観音浦に行き、壬辰倭乱の李舜臣将軍の名を呼び、心置き無く力の限り泣こうと内心に誓い、泣くのをやめた。「親への孝行を断念し、父母妻子を憎みながら私に従え」（マタイ一〇・三七）と語られた言葉は、結局、神の独り子の言葉であり。人が人に要求すべき言葉にはなり得ぬことを痛感した。午睡後に、C兄と一緒に海に出て泳いだ。

八月十六日（水）晴 第一コリント書第七章（南海—古県公普校—李落山—南海）

午前九時に、自転車で古県公立普通学校に、誌友W先生を訪ねた。貝殻数十種を採集して待っていたところだと。初対面であるが旧知のようにあふれる情懐。彼の私宅に寄りしばらく休み、真心のこもったもてなしを受けて、W兄の案内で約三十町（一町は百九メートル）離れた李落山に向った。観音浦の入口まで桟橋のように突き出た小半島である。石碑を保存する碑閣がこの前の風雨で一部が破壊されて落ち、碑文も同様で、書かれたものは別に注目すべきことではなかったが、李舜臣将軍最後の戦死地であるかのような李落山の突端《とったん》に立って、鷺梁海峡に激流する海と波を眺める間は、自分の足が岩に縛られたように、自分の体が海から湧きおこったように身動きもできず、言うべき言葉も持たず、涙さえ乾いてしまった。しばらくして我に返り、山を下り観音浦で一浴びすると、当時戦死した人々の血が私の身体に声をかけているようだ。

観音浦は半分以上も開墾されて、壬辰の乱当時とは非常に変わっただろうということである。後で古県公立普通学校の父兄の好意で小舟に乗り、外浦まで船遊びしながら、壬辰倭乱の時をしばらくの間回想した。

夕方七時にW先生と一緒に自転車で南海町の教会に出席し、柳林里のC兄宅に一緒に泊めてもらった。

八月十七日（木）雨、第一コリント書第八章（南海―西上―麗水―木浦）

午前八時、懇切に引き留めるのを断ってW兄と別れたが、C兄は船に同乗して西上浦まで見送ってくれた。雨風のため遠くは見れなかったが、平山万戸跡を寄港した時に眺めて、午前十時過ぎ麗水に上陸する。地形は統営と相似形なのが奇異であるが、また当然なことである。風雨がひどく船便は不適当なために旅程を変えて、鉄道で木浦まで直行することにした。初めての旅行のコースなので、麗水でも見るものはすべて目新しく、李舜臣の史跡もたくさんあるだろうが、風雨が止まない上、汽車の時間に余裕がなく、そのまま通過することになり遺憾千万であった。新聞の報道ほどひどくはないが、この前の水害は相当ひどかったようだ。順天、宝城、光陽、松汀里などの豊饒な平野も愛すべきだが、海岸に堤防を築いて開墾した豊作地は一層愛《いとお》しい。諸所に波で壊れた所と海水が田畑にあふれていて痛ましく思えた。松汀里で乗り換えて夜八時半、木浦駅に到着した。湖南線は二度目の旅行であった。客引きに案内されるままついて行くと、木浦台二番地の普通の旅館、雨音がやかましい脇部屋で一夜を明かす。

八月十八日(金)　曇小雨　第一コリント書第九章(木浦―鳩林里―青龍里)

午前中は誌友M氏を訪ね蓮洞教会で会い、伝道の喜びと苦衷を併せて聞く。特に船倉伝道（注・木浦港周辺で船を使った伝道のこと）に多く共感を覚えた。午後三時発の発動機船で海南郡花源面鳩林里に、養正高等普通学校の生徒の家庭訪問に出掛けた。ここ数日来の雨で農村の被害が少なくないことを知る。木浦の海上の高下道にも李舜臣の石碑があるというが、遠くから眺めるだけであった。鳩林里で再び金在秋君と彼の父親を訪ねて青龍里まで約五キロを歩いて行くと、夕やみに燈がともっていた。裸足《はだし》になって川を渡り、病院を開業している金在秋君の家にお世話になった。

海南郡花源面は半島のまた岬である。樹林は繁茂し河川は清く流れて、波は左右に打ち寄せ、上から眺めるによい所で、農漁両業が相栄えているようである。但し、陸上の交通が不便で教育機関は整わず、普通学校も六年生からは故郷を離れねばならない状況だという。金在秋君の父親はここの公医とのことだ。いつものようにビールで私を慰労しようとしてくれたが、酒類を飲まない私なのでもてなしを受けられず申し訳なかった。

八月十九日（土）　晴　第一コリント書第十章（青龍里―木浦―高敞　四街里）

予定していた白浦里行きは交通の杜絶でやむを得ず断念して、再び木浦に引き返し、午後二時の汽車に乗り鶴橋駅に下車。自動車で全南・霊光到着（午後五時）。更に六時に発車して元興里で下車し約四キロ歩くと、高敞郡梅山里という四街道（四つ辻）である。養正高等普通学校生徒の家庭を訪問すると、その父親は金融組合の理事であるという。そつのない対応と真心こもる接待に、自宅のように一夜をゆったりとくつろぐ。夜、大山公立普通学校の校長陳巳玄氏が来られて語る。

八月二十日（日）雨、第一コリント書第十一章（四街道―井邑―金堤（萬頃）―京城）四街道は三十戸足らずの小村であるが、日本人地主が五、六人もいて、近隣の小作は次第に難しくなるという。午前十一時半自動車で発ち、途中高敞で乗り換えて井邑駅で汽車に乗り継ぎ、金堤駅で途中下車。萬頃に養正高等普通学校の生徒一人を訪ね、その父兄としばらく話した後、九時に萬頃を辞去し、雨の中、金堤駅で十時四十分に乗車、忠南で家庭訪問をする積りだったが、篠突く長雨止まず、やむをえず通過した。

八月二十一日（月）雨後晴、第一コリント書第十二章（京城駅に帰り着く）

比較的乗客が少なく一眠《ひとねむ》りして起きると、車窓が明るみ、烏山駅であるらしい。水原、始興とソウルに近づくほど山河が迎えてくれるようであるのは、私の眼に慣れ親しんでいるためかと思う。午前七時ごろ漢江を渡ると、川は泥水であるが量はさほど増えていなかった。雨は駅頭に降りた時にも相変らず静かに降る。午前八時に活人洞の自宅に帰る。終日休息をとり、机上に積まれた書信を開封した。

○今度の旅行は南海までは往路であり、南海以後は復路となった。地理的にそうであるだけでなく、心ではなお更そうだった。南海に行くための往路は焦り勝ちで、南海でなすべき事は全てし終わったので、復路はすることが無かった。博物採集とは名ばかりであった。やはり貝殻よりは霊魂に興味がある。

○読者に初対面すると、いつも想像で描いていたことと、会って見ると全く違うということをよく聞いた。背が低い人と思っていたのに相当高いと言い、痩せていると思っていたのにむしろがっしりしていると言い、文章では非常に攻撃的でありながら、実際に会ってみると柔和であるなど。私が読者に会った時も同様の感がしないでもなかった。
○誌代十五銭の支払いも難しくて直接購読もできず、輪読する者が相当多く、あるいは、慶尚北道から全羅北道へ、あるいは、咸鏡南道から全羅南道へ送るなどして、『聖書朝鮮』誌一冊を少なくとも五、六人が読んでいる程だと報告する者がいた。読者の実情を知るのに助けになった。今後としては経済的理由で購読できない者には、特別な方策を考えようと思う。
○南鮮旅行を終えて帰京したら、東京からの次のような手紙が待っていた。

前日に送って下さいました『聖書朝鮮』を確かに受け取り拝読しました。貴兄の事情については時々聞いていますが、新たに雑誌を受け取ってみると、何よりも貴兄の絶大なる精力に驚嘆せざるを得ません。教職の外にこのような余暇がどうしてあるのでしょうか。凡俗にはできないことですが、後輩である我々の無為と怠慢を反省せざるを得ません。内容については私のような者の言うべき余地もなく、何か言うほどの知識すらなきことが大変恥ずかしいです。本当に聖書に対する自分の無知さが恥ずかしいです。聖書についての知識がないということは、我々の精神の貧困を表すことですが、とりわけ英語、英文学などを専攻したという者が、聖書についての知識がない事は、よほどの勇気がなくては大言できないこともよく分かっています。英文学とバイブル、この二つのものの密接な関連を知らない者が、果たして英文学について少しでも語る資格がありましょうか。物事の正邪を正しく学んで来なかったことが、第一の根本的な誤りだと考えます。このような態度でどうして善く真摯な学問をすることができましょうか。それこそ恥ずかしいだけです。

とにかく、聖書研究については、語る資格さえありませんが、巻頭小論「不詳、栄華、絶大なる感謝」についてはたくさん教えて下さったことを感謝し、まったく賛同せざるを得ません。勿論、これについては私としては何ら言うべき余地もありませんし、願わくば、私のような初心者には、このような朝鮮の現実に関する生々しい事情を聞ければと思います。あえて時事問題だけでなく、我々の日常生活の改善に対する貴兄の適切な解説と指示を聞ければと思います。これは私の一個人だけの愚かな声かも知れませんが、一読した後に受けた偽りのない感想であります。最後に一言述べるならば、欧州大戦時のキリスト教信者の態度と満州問題に対する日本の信者たちの行動などに対して、是非とも話を聞きたいですが、或いは会う機会もあるでしょうから、その時にでもお考えを披瀝して下さることを望みます。云々。

これは数年前に高等師範学校を卒業したが、所謂《いわゆる》危険思想家ということで就職もできないどころか、国内外に顔を挙げることもできず漂流している友人の感想である。文章中の過分な賛辞の部分には戸惑うが、キリスト教界の牧師が『聖書朝鮮』誌を危険視し、朝鮮のキリスト教書会（注・朝鮮のキリスト教会の連合出版社）が『聖書朝鮮』誌に発表した書籍の委託販売を拒絶するこの時に、このような友人の証言は真に珍しい事である。砂糖と塩の違いを理解してくれることは、本当に大感謝である。

○旅行中に会った兄弟から、

……その日先生に会えて、共に胸襟を開いて話す機会を主が下さったことを感謝します。私が先生に会って尋ねようとしたことは二つありましたが、不思議にも考えてはいたのですが、とうとう話せませんでした。主が私のような者も捨てたまわず、過ぎて来た短い過去を回想すれば、私のこれからの道に如何なる不幸があり、苦痛があるでしょうか。獅子の穴がダニエルにとっては主がおられる聖所になり、ふいごの火がシャデラク、メシャク、アベデネデゴになり、原野が主を証しする貴重な場になったことを考えれば、私の前にゲッセマネとゴルゴダが待つとしても、主の御旨をなし遂げることができれば感涙するだけです。ただ時々刻々すべての事物に接するごとに、わが主の御旨をなし遂げることだけが、私が行うべきことではないでしょうか。しかし、何故かこの頃は昼夜「教会がなんなのか」、或いは「やはり教会の内にいることは、私がイエスを信じ証しする枷《かせ》になる」という考えが、ちょうど我が主が示して下さる啓示のようで、考えれば考えるほど現代の所謂教会と言うのが大きな偶像のように見えます。私がある日、聖日礼拝の学生に「教会とは何か」と尋ねると、「礼拝堂だ」と答えるので、「彼らの頭に偶像信仰が始まっているのだな」と胸がつまる思いを禁じ得ませんでした。それでこのような事を先生にお伝えしようと思いました。私が今年の春に○○老会で伝道師の資格を取得するため試験を受けましたが、聖書よりも模範礼拝、勧懲条例（注・長老教会の憲法に規定された信徒を処罰するきまり）などをもっと重視して見なければならないと試験官たちが言うのを聞いて、「私はなぜ許可のない伝道を止めたのだろうか」と後悔しました。今、私は明らかに迷宮に入りました。先生、もし機会さえあれば、適切な教示をください。しかし、お忙しい先生に無礼なお願いと思いますが、機会があれば相談にのって下さることを望みます。
さらに申し上げたいことは、『聖書朝鮮』誌に掲載された「朝鮮神学塾」の詳しい内容を知りたいです。……

八月二十三日

イエスの血によって子とされた某拝

これについての不親切な回答は、次の如し。

一、主が引き出される時まで、その地位でそのままもう少し苦労しなさい。

二、朝鮮神学塾は崔泰瑢氏の計画であるが、事情により計画を中止してしまいました。

これを以って、本誌広告に問い合わせをされる諸氏への回答に代え、同塾が実現できないことは残念に思うところである。

九月

○目的が多すぎて、収穫が極めて少なかった南鮮《ママ》旅行の徒労を後悔する時、次のような葉書がもたらされ、損得と結果の判定は全て神様に委《ゆだ》ねるべき事を再び教えられる。

今月、『聖書朝鮮』誌を通して、先生が無事に帰京されたことを知りました。それまで、消息が分からず心配しておりました。当地へ来訪された時は、ご面倒をかけて本当にすみません。しかし、小生が受けとったところは多く、主の使者であられた先生から学ぶべきことは充分学ばせていただきました。大いに喜んで下さい。先生とお会いした後、小生の魂には確実に変動が起こりましたし、過去の誘惑と束縛は粉々に砕け散りました。その後、私の行動はずっと自由になり、心身が活発になり勇敢になりました。これこそまことの新生であります。私の全てを主におまかせした以上、私の全てのものが、主の責任であります。ハレルヤと。本当に禮泉では、「非常に苦しかった」が、「苦盡甘来」（注・苦しみの尽きるところ楽しみが来る）であろうか、やはり、祝福も禮泉の歩みから最も多く受けたのではないかと思う。

○過去一年間、本誌を購読していた全羅南道高興郡小鹿島の一読者なる崔炳洙氏から、

　面識もお交わりもなく、御名前だけは親しくお聞きしています。身体は千里も離れていますが、霊においては共にあり主の恩恵を同じく受け、主にあって将来共に栄光を享受される先生、主の愛の内にご家族の皆様もお元気であられ、貴社も日々新たに発展されるよう遠くよりお祈り申し上げます。教弟は一年間貴誌を拝読し、奥妙なる真理の言に多くの恩恵を受けたことは、簡単には口で感謝できるものではなく、栄光は主イエスにお捧げ致します。陳者（注・自らを低い者と指す言い方）は事情が許さず、貴誌の購読を停止します。貴誌の購読のことを回想すると、聖書の言葉が今日の私には矛盾であると言っても過言ではないようで、金銭が諸悪の根元と言いますが、逆に万善の根になることもあると考えます。もし事情が許すようになれば、また貴誌を購読しようと計画しております。言いたきことは多くありますがここらで止め、神様の前にお祈りし、筆を置きます。アーメン

という挨拶の葉書が来た。島は小さな島だが、小鹿島と言えば内外に知らない者がない島である。第一に、この孤島にもの寂しく生きる兄弟の一人に一年間『聖書朝鮮』誌を送り続けられたことは、本誌の願いであって分に過ぎる感謝であった。第二に、進退を明白にする彼の態度に敬意を払わざるを得なかった。神様の祝福を祈って筆を起こし、アーメンで文を終える注文書と、某教会内の某氏の印まで押

した便りなどにかなりいかさまが多い世の中で、人間の当然な行動を見ることは、大旱天《かんてん》に雨滴《うてき》を見るようである。
○九月初旬には六、七年振りに出獄するH君を獄門で迎えた。所謂ML党（注・朝鮮共産党の俗称）事件の首謀者といわれる人だ。彼の希望の洋々たることとその態度の純真さは、おのずと私をしてルター夫人の逸話を連想させる。H君を白頭山麓に成長した巨樹とすれば、今日のキリスト者のほとんどが、高層建築物の屋上の盆栽に過ぎないことを認めざるを得なかった。
もし、ルター夫人が今日朝鮮のキリスト教徒のかわいそうな姿を見たとしたら、もう一度喪服を着なければならないだろう。神が死なれたようだから。
○しかし、時にはこのような便りもなくはない。
兄さん（注・金教臣をさす）、安東まで来るまでは特に思はなかったのですが、安東邑（注・邑《ゆう》は行政区域の一つ、人口二万以上五万以下）を後にしてペダルを踏み始めたら、突然寂しさに襲われ、将来のことを考えると気持が無性に落ち着かなくなりました。しかし、この時思いがけなく主を呼び求めたのです。兄さん、自分自身が極度に悲哀に陥れば、主に哀訴しようとしてもできず、主を尋ねようとしても尋ねることができません。血が沸くような信仰の力が湧き起これば別であります。今日からお祈りを始めました。兄さん、今は主の愛と力を知りました。私は全ての事に安心です。主の恩恵を知りた。存在を知った以上、主が導かれるままに行くつもりです。何の心配がありましょうか。新たな芽、新たな生命の相がひとつ現れるかもしれません。血が極度に沸くところに初めて、真に真実な信仰が生まれることを信じます。ここを発たれてから、醴泉《れいせん》の皆さんの批評が多いことでしょう。しかし、信仰を持つ前の崔寿相は非難されねばなりません。彼がどんな悪口や批判をされても、何も言わずに過ごしてください。

このような兄弟一人を発見できて、三週間の時間と陸路一千五百余キロに、水路百余里を訪ね求める苦労も徒労ではなかった。

一〇月

十月四日（水）　朝、李龍道牧師の訃報に接して驚く。人生の真昼時を越えられずに逝ったのも惜しむべきだが、最近、女預言者問題でキリスト教界の議論の渦中に巻き込まれ、再び自らの立場を弁明する機会も得られず逝かれたことは、なおさら遺憾であった。李牧師を知ったのは、牧師が所属する光煕門教会の礼拝説教を依頼されたのを機縁に、梧柳洞で祈祷の座を同じくした後も数回往来があって、復興会（注・リバイバル式の一種の集会）の説教者として出かける時は常に『聖書朝鮮』誌のバックナンバーを持参して紹介したために、教役者たちの忌避に触れたことも再三でなかったと聞き及ぶ。女預言者問題に関して伝えられる消息を批評せよとの要求も多かったが、李牧師と会って話すまでこれを保留してよい時機を待ったのだが、今となっては再び誰と議論できようか。考えてみると、李牧師が私に残された印象は、ただ羊のように柔和で水を渇望する鹿のような霊魂の持ち主だったことである。肉体を脱いだ後に正しく評価され、さらに主キリストの姿と一致したものとなられることを祈るのみ。

十月五日（木）　今日ようやく十月号を発送することができ、心の内の焦りが少し減ったが、印刷所を再び変更した関係で、活字が思うとおりに揃わないばかりか手際もよくなく、ついに発行予定にも計算違いが生じた。最近には珍しく発行が遅れ、毎月ついたちを待っているという読者の問い合わせに対して、答える言葉がなかった。

十月十日（火）　空は高く雲ひとつなく「高い空！明るい心」と何度も叫んでみる。こんなきれいな自然を通して、神様は何を我々に期待されておられるのか。

十月十一日（水）　朝、遠足で水原に向かった。邑外の華山の健陵と隆陵に参拝する。黄色に熟した穀物の畔道と生い茂った山林も快いが、世宗大王の深い孝道の徳の香りが、我々一行の魂を洗ってやまなかった。松虫の話、遅遅台の話などが道中の話題だった。

十月十五日（日）　午前は梧柳洞集会に出席。宋斗用、柳錫東両兄の研究発表の後、「エクレシア」についての感想を述べる。梧柳洞に真正なる「エクレシア」が芽生えているのを目にしたためである。（以下略す）

十月二十五日（水）　小鹿島の誌友から、

菊香る秋、謹んで恩寵の中に先生御一家が平安であり、貴社の振興されることを遠く離れて伏して祈ります。陳者、状況やむを得ず、先月貴誌の発送を停止するよう手紙を差出しましたが、よくよく考えると、商人が真珠を得ていたのに、その真珠を失った有様ではないでしょうか？　心が乱れているところに突然、貴誌十月号が到着したので喜びにたえず、恥をも顧みず急いで手にして拝見しました。だが思いを変えて見ると、あるいは手紙が途中で紛失して貴社に到着せず、いつもの通り続けて送られたのか？　うれしい中にも本当に済まなく恐縮千万に思っております。その外のことは言うに及ばず、主の前に祈りて筆を置くのみ。アーメン。

このようになれば雑誌購読の関係でなく、恋慕する者同士の親展封書を受け取ったことになる。

全南小鹿島の慈恵医院といえば、特に主キリストのあわれみによる癩《ママ》病患者の療養所であり、手紙の文章の筆跡から見ると、崔炳洙氏は漢学の素養のある長老であるようだ。直接に会える機会を得られるかわからないが、小鹿島が私の庭先の盆栽よりもっと近く感じられるのは事実である。世の金持、学者らは顧みないとしても、小鹿島の一人の友人を慰めることができるとは、『聖書朝鮮』誌は健全な福音誌と言えるだろう。

十一月

十一月八日　江華　注文島のC兄の葉書に、

我々の主イエスの内におられる先生、聖なる恩恵の下お元気ですか。あゝ、先生すみません。イエスを通して与えてくださる溢れるばかりの愛を、ただ受けることだけして、今までお会いすらしていないことが言いようもなく遺憾であります。あゝ先生！　我が主のために起こる義憤を抑えるのにどんなにか苦しまれ、また他人の知りえない歓喜に酔われる瞬間が、どんなにか多いことでしょうか。『聖書朝鮮』を読んでいて、お目にかかっているように感じます。このような雑談は後にして、急ぎのお話を先ずお伝えいたします。先生、朴〇〇という兄弟が肺病に罹り望みのない境遇ですが、『聖書朝鮮』誌を共有し回し読みして来ました。しかし、この本は私の生命と思い知り、一読二読でなく何度も読む関係上、一緒に回し読みすることができない状況にありますので、無料読者とすることができないものでしょうか。朴兄の住所は江華郡三山面席毛里です。先生！　厚かましいお願いですが、新しい用語は説明を願います。無学者の懇願です。云々。

やはり私の友達は寂しい島の人か、そうでなければ、重病に罹った病人のようだ。感謝すべきことだ。

主イエスの友も同じであった。病人と貧者と罪人を紹介せよ。彼らには特別な門が開かれている

十二月

○本誌第五十号に記念特価を広告したのが昨日のように思えるのに、早くも第六十号を送ることになった。今回は第六十号と新年号が重なった。この機会にもう一度、下記のように特価を広告する。

本誌は幸いにして今日まで経済的な経営難というものは無かった。余ったものも無く足りないことも無く過ごして来た。内容についてはたとい一人や二人であっても真に渇望する者に、一杯の冷水を汲んでやることができれば充分である。

しかし、これは『聖書朝鮮』の立場から見る時のことであり、立場を変えて、霊的非常時に陥った半島の現状を見る時には、これと反対に一人でも多くの人に福音を伝えたい願望も無くはない。しかし、世俗で行う宣伝によることとは到底耐えられないことである。

我々にできることは、「あなたがたはただでもらったから、ただでやりなさい」(マタイ一〇・八)ということである。しかし、「真珠を豚に投げた」(マタイ七・六)結果として返ってくるものを見ると、しばしば気落ちせざるを得なかった。ただでやることは難しいことではない。どうすれば、真珠を真珠としての真価を発揮させ得るか、これが問題だ。

おおよそ充分な対価を支払わずに得た真珠は宝物になり得ないという道理は、本誌のように無味乾燥な雑誌を数年間続けて購読している誌友にはよくお分りのことである。世の中の基準どおりに広告の手段を利用するのをためらい、「水の上にパンを投げる」ことだけがなすべき事でないことを悟った本誌は、今や少数であれ、本誌を愛読する誌友諸兄の協力を要請したいのである。まず昨年度までの読者で、

本誌に何か貴重なものがあると認識して知人に紹介し、同胞に広く知らせたいので宣伝したいと思う人には、直接本社に相談してくだされば、できる限りの便宜を図りたいと思う。こうして愛する友の手によって新しい読者を増すことができれば、それは、本誌に相応しい方法だと思う。ともあれ、誌友はためらわずに相談し、『聖書朝鮮』誌が朝鮮のために最も有益に用いられることを祈りの中で覚えてもらいたい。……昨夏の旅行で目にした実情も考慮して、『聖書朝鮮』誌一冊を遠距離間の郵便で回覧している読者の便宜を図るべく、今回は特価を次のように変更する。本誌の趣旨を理解した後、誌友の協賛を望む。

一、回覧用、紹介用。前金を払い込んだ読者が、回覧用に、あるいは紹介するためにもう一冊購入し、また、紹介するために払い込みする場合は、一年分特価十二冊分　七十銭（送料共）とする。

二、伝道用に配布する場合、旧号（無順序）は特価十冊で代金を二十銭（送料共）とする。

三、団体読者。学校、一つの教会、一つの寄宿舎、一つの洞内近隣などで、五人以上グループで購読する場合は、一人一年分十二冊で、前金九十銭（送料共）とする。

○最近、良書紹介、あるいは図書貸し出しを請う者が時々いるが、主筆に時間の余裕がなく、また、貸し出すことのできる書籍の数も少なく要望に応えることができない。また、聖書研究の指導を請われても、呼ばれるとおりに行けず残念だった。こんな時に、五人であれば五人、十人であれば十人がそれぞれ別々に自分の要求通り請うのではなく、五人あるいは十人がグループになり共通した要求をするならば、十度に一度くらいは求めに応じられるのではないかと思うことが多かった。何かの組織を作ろうとするのではなく、時間と労力を節約できる方法を考えてみたい。このような意味で、読者一個人の要望より、『聖書朝鮮』の発行を重視するのは、自然な事である。主キリストは九十九匹の羊を置き一匹を探すことを喜ばれる反面、二人または三人いる所に自分も共にいると言われ、エクレシア（教会）を自分の新婦と称して非常に愛されたことなどを考えれば、以上のことは功利主義から出てきたものであるとは言えないと思う。

○新年から特に漢字を少なくして、広く誰でも読めるような文章を書いてみようと願ったが、未だに前途遼遠である。易しい文章を書くことは、難しい文章を書くよりも大変な努力を要する。分かり易い朝鮮語を書くことのできる著者の出現を待つ以外にない。

○冬期聖書集会に出席を希望する者は多くはないが、咸鏡南道、平安北道から慶尚南・北道まで、熱意ある者たちが参加するようになった。この集りのために隠れた学徒・楊能漸氏がわざわざ出席して下さることは、我々の学究心を刺激することに大きな力である。集会に向かって、我々の心は喜び踊る。大事小事を奉仕の心で準備しながら、遠来の兄弟を迎えるのを待っている。今度の集会で執事役を引き受けた宋斗用兄の苦労は並大抵のことではない。この集会の準備のために、本号の発送は数日早まった。已むを得ない事情で参加できない者の要請により、研究発表の大部分を本誌の次号に掲載しようと考えているが、思うようにできるかどうかは分からない。

十二月二十九日(金)　明日からの冬期聖書集会のために、南海から黄兄と五山の咸兄が来社する。昨年は正月初めに活人洞で三泊四日間、咸錫憲氏の「使徒行伝研究」、楊仁性氏の「聖書動物学」、金教臣の「聖書地理学」、柳永漠先生の「老子思想」、金宗洽氏の「中世哲学と信仰」、柳錫東氏の「英語史」、宋斗用氏の「農業二年」など真摯な研究と発表があったが、今年は梧柳洞で、六泊七日間の第二回冬期聖書集会を行う。今年の時間割は金教臣の「福音書研究」、柳錫東氏の「預言書研究」、李徳鳳氏の「聖書植物学」、楊能漸氏の「旧約聖書の史的価値」、咸錫憲氏の「朝鮮歴史」、宋斗用氏の祈祷などである。

十二月三十日（土）　晴、午後梧柳洞に冬期聖書集会で集まる。集会場は新築された梧柳学園の教室を、食堂は宋斗用氏宅に、一般会員は柳錫東氏宅の客間を、講師は崔泰士氏宅にそれぞれ宿泊を割当てられたので、我々の一週間の生活の役目がきちんと整えられた。しかし、主催者側の気苦労の少なくなかったことを推測せずにはおれなかった。

午後七時から開会。予定の一部を変更して初めの一時間を「祈祷会」とした。宋斗用氏の司会。梧柳洞には誌友五、六戸が住んでいるが、初めに梧柳洞に定住したのは宋兄であり、兄は本格的に農作業に専念し、我々同志の間だけでなく、梧柳洞民としても洞内の重鎮になってしまった。今度の集会も色々準備の責任を負ってくれた。そのために、主催者側を代表して開会最初の祈祷会を司会するようお願いしたのであった。

祈祷会を終えた後、主筆から本会の由来と精神をもう一度説明して、「地理学的に見た朝鮮の使命」（注）という講話を行った。夜十一時を過ぎてようやく閉会したが、第一日から脱線した。その要旨は別稿のごとくである。

（注・一九三四年三月、『聖書朝鮮』第六十二号に「朝鮮地理小考」として発表された。本双書第2巻に所収）

十二月三十一日（日）　晴　午前十時から日曜礼拝、柳錫東氏がローマ書第九章一～五節により、多数が問題でなく、少数で全体を救うという重要な真理を力強く主張された。今日の教育問題、伝道問題などの失敗は、大衆を相手にすることに起因するとの指摘は至言である。続いて、私は「共観福音書の大観」という題で福音書研究の大要を述べる。初めて聖書を読む人であっても、マタイ、マルコ、ルカ福音書が互いに類似共通しているのに比べて、ヨハネ福音書の特異なるのを知るのであるが、このことが前者三冊を「共観福音書」として総括的に取扱い得る理由である。「共観福音書」を通読すればイエスの全生涯を、一、出生と幼年期　二、準備時代　三、伝道時代（前期、後期）四、十字架の道　五、受難と復活昇天の五期に分けて見ることができ、その各期を詳細に参照した結果、イエスの生涯が神の独り子の生涯であることは明らかであるという結論に至った。冷徹な研究の結果であるが、結論がここに至った時には熱くならざるを得ず、集会は自然に祈祷会をもって終わる。

午後二時から座談会、信仰の機微に触れた質疑応答、あるいは実際生活に関する抱負などを議論しながら、左記の書籍を回覧する。

一、李鼎燮氏訳　山下信義先生の講演集（四六版四十五ページ）。この本の巻頭に「わたしの尊敬する山下信義先生の講演を翻訳出版し、謹んで知人の皆様に差上げます」と記し、また「先生の一言一文がすべて奥義の発言であり信仰の流露ならざるは無く、ただ拙訳のためよくその意を伝え得なかったかと存じます」とあり、その本の内容が世間一般の刊行物と違うことが察せられるであろう。この本は訳者から柳永模先生に謹呈したものを、柳先生が『聖書朝鮮』社に送って下さり、回覧したが、さらに李先生に請うて四十部を頂き、記者の関係する学校の生徒の中で希望者五百余人に輪読するようにした。ただし、本来非売品であって、今は品切れになったと。

二、矢内原忠雄氏の『通信』（実費一部三銭、切手

代用も可)。私信を印刷した形式でなったものである。非常時日本のキリスト信者の立場を察することができるのが特色。矢内原氏は現在東京帝国大学教授。

三、塚本虎二氏著『イエス伝対観表』定価二十銭、イエスの一生を対観図表で表示したものである。著者塚本先生は無教会主義の急先鋒だとして教会人の蛇蝎《だかつ》視する人であるが、しかし、この本だけは教会の内外を問わず広く読まれているという。

四、『日本地理風俗大系』(新光社版)の朝鮮篇、上下巻。

五、大英百科辞典の朝鮮の項目。

六、林泰輔氏著『朝鮮通史』。

午後七時から咸錫憲氏の「聖書的立場から見た朝鮮歴史」第一講。歴史理解、史観と聖書的史観、世界史の輪郭などの諸項目にわたり、満三時間の連続講演があった。語る者、聴く者がすべて時の過ぎゆくことを忘れ、時間の流れを愛惜した。朝鮮歴史五千年は歴史も長いがその間、歴史家も多かった。しかし、朝鮮の民衆に史観を与える者はいなかった。この日、講義は「前人未踏」の境界に一歩を踏み入れ、半万年史の史観を提示した。しかし、二千万人中にこれを聞く者二十名足らず、これを読む者二百人に及ばないのだから、これ以上何をか言わんや。ただ、事の奇しきことを心に銘記するのみであった。

一九三四年

一月

一月一日(月)　晴　都市では新年の気分に酔い興じる時、我々は年末年始の雑事に悩まされることなく、聖書を学べることは感謝であった。午前十時半から「福音書の研究」、イエスの生涯の第一期である出生と幼年期を学んだが、時も時だけに、新年を迎えるに申し分のない課題であった。次は柳錫東氏の「アモスの研究」で、縦の関係と横の関係の重大法則を学び、司会者の提言により、出席者一同が予定しなかった新年の祈祷会をもって、午前の集会を終えた。

午後二時から柳永模先生を中心にした座談会が始まり、緻密な思索の世界に導かれながら質疑と応答、議論は盛んであった。柳先生は常に他よりも先立つ思想の展開で参加者を指導されるにとどまらず、会が終わった後にも、時間を費やして考えるべき課題を聞く者に残されたのである。

午後七時から「聖書的立場から見た朝鮮歴史」の第二講として、檀君史（注・紀元前二三三三年始まり千年続いたとする神話の歴史）から新羅統一（注・紀元六八四年）までの大綱を聞いた。高句麗の末年があたかも壮年のショック死のような悲壮な戦死だったという場面に至っては、凡人たらずとも手に汗を握らざるを得なかった。我々も普通学校（注・小学校）から数えて二十年近い（日帝下の――監修者）教育を受けたが、その間、一時間の朝鮮史さえも教えられなかった運命を恨んできた。しかし、今や朝鮮第一の朝鮮史、したがって、世界第一の朝鮮歴史講座に参加できる奇しき運命を畏れをもって感謝した。朝鮮をこのように観る者は、このように生きねばならないというわけである。キリスト教が入ってくる前に、朝鮮を正しく観ることのできる歴史家が出るわけが全く無く、キリスト教の光に照らされた後にも、まだキリスト教的な歴史家の出現を聞くことはできなかった。光が半島を照らして以来、半世紀にして初めて半島の真相が明らかにされたのだ。半万年隠されていた奥義が今や、ここに明らかになったのである。

キリスト教と無関係にその光に照らされることなく、いくら檀君千年史に精通しても、それは興奮でなければ戯《ざ》れごとである。歴史は消すことができない。空虚なものによって、一民族、一国家が盛んになった例も無いではない。しかし、それは少なくも真ではない。「真」でない歴史に酔った民が、醒めた日にはその滅びは甚だしい。全てのことはそうであるが、特に歴史に関しては、聖書的立場に立てなかった歴史はその大小を問わず、満州の広野に出没する馬賊団の歴史に過ぎないと言うことが一層強く感じられた。

史論がどうであれ、聖書に照らして見る時、半島の半万年史ということが全世界と、いや全宇宙的な役割を持って、こんなにも意義があり繋《つなが》りがあるものである、ということを明らかに悟るようになれたことだけは事実である。

一月二日（火）曇　午前十時から「福音書研究」。イエスの準備時代を勉強した。およそ偉大な仕事にはそれに見合う周到な準備が必要である。神の独り子が世の万民を救済するために成し遂げた準備の高遠無尽なる意義を究明するには、研究する者の器が小さいことを痛切に感じる。

十二時半から「預言書研究」。アモス書の本論を終え、午後二時から自由に討論し、さまざまな質疑と討議があった。討議された事柄は、神との垂直関係と兄弟同胞との水平関係の均衡、信者の使命感の可否、信者の実際生活の方針など、また、その他、いわゆる以心伝心の道以外に口では形容できない問題などであった。

午後七時から朝鮮史第三講。責任の大きかった高麗朝（注・九一八～一三八八）から李朝五百年（注・一三九二～一八九七）の受難時代までを論及されたが、結論は後日に延ばさざるをえなかった。端宗哀史（注・李朝第六代の王。一一歳で王になったが、叔父の首陽大君（後の七代世祖）に在位四年で王位を奪われ、流配地で死んだ悲話）の一節に、

一自寃禽出帝宮　一《ひと》たび寃禽《えんきん》帝宮《ていきゅう》を出《い》でしより
孤身隻影碧山中　孤身《こしん》隻影《せきえい》碧山《へきざん》の中《うち》
仮眠夜夜眠不假、　眠《ねむ》りを仮《か》らんとするも夜夜《やや》眠《ねむ》りは仮《か》る無《な》く
窮恨年年恨不窮　恨《うら》みを窮《きわ》めんとするも年年恨《ねんねんうら》みは窮《きわ》まらず
聲断暁岑残月白、　声《こえ》は暁岑《ぎょうしん》に断《た》えて残月《ざんげつ》白《しろ》く
血流春谷落花紅　血《ち》は春谷《しゅんこく》に流《なが》れて落花《らっか》紅《くれない》なり
天聾尚未聞哀訴、　天《てん》は聾《ろう》して尚《な》お未《いま》だ哀訴《あいそ》を聞《きか》ず
何奈愁人耳獨聡　何奈《いかん》ぞ愁人《しゅうじん》耳独《みみひと》り聡《そう》なる

〔現代語訳〕恨みを抱いたホトトギスがいったん宮廷から出て行くと、青々とした山の中、我が影のほか孤独な我が身に寄り添うものはない。眠りに就きたいと思いながらも眠れぬ夜が続き、恨みを尽くしてしまおうと思っても恨みのはてる年は来ない。

暁の峰で悲しい泣き声が途絶えると有り明の月は白く輝き、吐きだした血が春の谷間を流れ行くと散りゆく花びらが紅《くれない》色に染まる。たのむべき天さえも耳を聾したのか我が悲しみを聞いてくれないのに、何としたことか悲しみに沈む私の耳だけが冴えている。

（注・下定雅弘・豊福健二編著『朝鮮漢詩古今名作選』より引用—監修者）

という一節に及び、天が今まで哀訴をお聞き入れにならなかったのではなく、すでに聞き届けられており、李朝五百年の苦難史はその証拠なのだと聞くとき、身震いせずにはいられなかった。個人の一生もそうだが、一国の歴史は間違いなく神の審判の記録である。況んや、壬辰の乱の時、北境に避難した国王が、

国事蒼黄日　国事、蒼皇《そうこう》の日、
誰為李郭忠　誰が李・郭の忠を為さん。
去邠存大計　邠を去りしは大計を存し、
恢復伏諸公　恢復は諸公による。
痛哭關山月　痛哭す關山《かんざん》の月、
喪心鴨水風　鴨《おう》水の風に心を喪う。
朝臣今日後　朝臣今日より後、
寧後更西東　むしろまた更に西に東にするや。

〔現代語意訳〕　国事が乱れていて、唐が国難のとき、国を救った李光弼・郭子儀のような忠誠を誰が尽くし得ようか。都を追われたが、それは国を取り戻そうという大きな志を抱いたからで、国の恢復はひたすら多くの人にかかっている。関山の月をみても涙があふれ、鴨緑江を渡って来る風に当っても心が傷つくだけだ。朝臣たちよ、この恥、この辛い目にあうのは、皆が国のことを考えずに党争に明け暮れたからなのに、こんな目にあってもまだ東人だ、西人だというつもりなのか。

と詠じたように、東人だ西人だと党争（注・李朝時代中期以降、儒学の学派をもとに形成された両班たちの派閥争い）に明け暮れたその種は今も尚、老論だ少論（注・李朝時代の支配層間で対立していた四つの党派の二つ）だ、畿湖人だ関西人だ、ソウルだ田舎だなどと争っている。支離滅裂なところだけが先祖にそっくり似ており、朝鮮歴史に照らして現実を見る時、残るのは深いため息だけである。

一月三日（水）晴　午前十時に「預言書研究」の

第三講。今日は「ホセア書の研究」。アモスが獅子のように強い義の人であるのに反して、ホセアは百合の花のように深い愛の預言者だと言う興味深い比較研究であった。続いて、「福音書の研究」。イエスの伝道を極めて人間的な見地から解釈して、無難な時の伝道方式と迫害がひどくなった後の伝道方式に変化のあったことに注目してイエスの伝道生涯をみると、前期、すなわち説教と奇跡と弟子の派遣などで伝道されていた平穏な時期と、後期、すなわち譬で なければ語られないままに、あちらこちらに巡回されていた切迫した時期の二つに区別できるというのである。

今日の午後は有志の登山があった。朝鮮第一の人工遊園地として世に名高い梧柳荘の裏山を一回りした。王冠のような北漢山に応じて切り立った姿の冠岳山が対立する中に、馬の鞍のように括《くく》れている小丘南山によりかかって漢陽城を設計した過去と将来を大観するのに適切な所である。成長して行く大京城の一枝として伸び出た文化大発達の花であり果実としてできた遊園地と、ソドムとゴモラを遠く眺めながら、敬虔な生活をしていたアブラハムの生活を手本にしたい兄弟たち（注・宋斗用をはじめとする信仰の友人のこと）の住いが、一つの峰の下に展開されているのも一奇観と言わざるを得ない。

夜七時から李徳鳳氏の聖書植物に関する講話を聞いた。謄写版刷りされた二十四種の一覧表を配った後、ひとつひとつ実物の標本でその生態、形態、効用及び聖書解釈上の関連などを詳細に説明した。パレスチナで採集したアブラハムのくぬぎを始め、いちじく、乳香、没薬、オリーブ油などは初めて見る人も多かった。その日の聴衆の感想は、次の司会者の感謝の言葉と一致したものであった。

李先生は長年培花女子高等普通学校で教鞭を執られながら、朝鮮植物、特に草本植物の採集と研究に努力されたばかりでなく、昨年度創立された朝鮮博物研究会では朝鮮植物名称査定委員の一人として、最近は、冬休みにも昼となく夜となくその名称査定をするのに忙しい立場であります。すなわち、今後の朝鮮植物の名称は李先生が命名して下さった名前で、我々も呼び、子孫たちも記憶するようになるものが多いことでしょう。このように、朝鮮植物学界で最も権威ある方々の中の一人であられる李先生から、聖書植物に関してこのように用意周到な印刷物と、稀に見る貴重な標本で教えを受けたことは、身に余る感謝だと言わざるを得ません。ことに単純な知識の羅列に終らず、自然界を材料とした根拠のある学説を聞けたのは、我々の信仰の大きな糧となりました。云々。

残り時間を利用して、九時二十分から咸錫憲氏の「朝鮮歴史」の結論を聞いた。苦難の歴史を背負った朝鮮の民にも、朝鮮及び世界との関係において、その重く背負って来た苦難にも意義があり、その荷をよく背負い耐えて行く中で、民は浄化され人間は考える者となり、深さと重さを加えるならば、昔の先祖たちの特色であった「仁」によって、最後は御国に迎えられ、「アブラハムの懐に入ったラザロ」（ルカ一六・二三）となることを教えられ、我々の慰めと希望は少からぬものだった。我々の願いを言うとすれば、今度四回にわたって聞いた「朝鮮歴史」のエキスを全国民に伝えることができれば、枯渇していた草木が本来の輝きをとりもどすのを見る喜びを、この国土の上にも見るだろう。

一月四日（木）　晴　予定の一部を変更して、楊能漸氏の「旧約聖書の歴史的価値」という講話を午前に聞くことができた。揚先生は数年前まで東京の立教大学で古代史講座を講義された方である。この集会で唯一の純粋なる学者の講義であった。病気のため故郷で数年間静養され、今や完全に回復して野人のような健康で再び学界に出ようとする新春に、特別、今度の集会のために出講されたのである。この方面の研究に関してもし朝鮮で唯一でなければ、確かに第一人者である楊先生の講話に出席できたことは、新年の一大幸運であった。講話の要旨を摘記すれば次の通りである。

旧約聖書の歴史的価値

旧約聖書には左記の三種の原本がある。一、マソラ本　二、七十人訳　三、サマリヤ本

一、マソラというのは傍註という意味であるが、ヘブライ本文に解釈法まで添付したものである。あたかも東洋の経書に、朱子その他の碩学の注解まで付いたものに似たものである。この本は紀元後七十年、ローマ軍によってエルサレムが陥落した後、必要に応じて一様に編集したものである。最初に印刷したのは一四七七年に詩篇のみ、一四八二年にモーセ五書ができ上がり、一四八八年には全聖書の印刷がされて、一五二四～五年に Jacob ben Chayim という人がベニスで発刊したもので、最も権威ある聖書の決定版となり、ルター以後にキリスト教会で使用されるに至った。我々が使用しているのもこれを翻訳したものである。

二、七十人訳というのはアレクサンドリア図書館に備え置くために、ユダヤから学者七十二人を派遣してヘブライ語からギリシャ語に翻訳したというので、そのように称すると伝わって来たが、実際のところ、パレスチナ地方は狭くて土地がやせ、ユダヤ人が四方八方に集団的に移住する時、エジプトにも数百万人が移住したが、その子孫が次第に母国語であるヘブライ語を解せなくなったので、その第二世代以下の子孫たちが読むために、紀元前二世紀ごろギリシャ語

に翻訳したものだという。

このように紀元前から翻訳されたのであり、その内容もマソラ本と大同小異なので、七十人訳も極めて権威がある。今日までローマカトリックでは七十人訳を使用する。

三、サマリヤ本はモーセ五書だけでなるもので、ナブル地方にある未開人部落で、本来の原形通り今日まで保管してきたものだと言われ、一部は有力な参考資料になるのである。

ところが、ユダヤ民族の歴史を研究する材料として見ても、旧約聖書は最も重要な材料になる。今、ユダヤ民族歴史研究の材料となる重要なもの何種類かを列挙すると、次のようである。

一、旧約聖書

紀元前九百～二百年間に記録された書籍であるが、元来歴史書として書いたのではなく信仰書として書いたもので、作者や年代などに違いはあるが、読み方如何では、やはり歴史研究の重要な参考資料になる。

二、外典（偽典、または秘伝とも称す）

紀元前二百～紀元後百年間にでき上がったものである。ヘブライ語原文には無い文章で、七十人訳にだけあるものが十四篇ある。紀元後第四世紀に、ジェロム（Jerome）がこの十四篇を旧約聖書から分離して外典（Apocrypha）という名称まで鋳造したし、後にルターの改革時になって聖書原文に権威を置く傾向が起こった時、確然と外典を分離した。しかし、旧約聖書は紀元前二世紀以前にでき上がって、新約聖書は大体紀元後一世紀末以後に編集されたので、正典（聖書）にはその中間に当たる三百年間の記事が欠けているが、外典によってその欠陥を補充できるので、歴史的参考資料としては重要な材料になる。だから外典を、別名中間文学ともいう。

注・R. H. Charles, Religious Development between O.T. & N.T という書籍は、外典研究の著名な参考書。但し、終りの二節を先に読むのがよろしい。

三、Flavius Josepheus.（フラビウス ヨセフス）

紀元三十八年エルサレムで出生、パリサイ派の人であり、保守派に属した。十四歳の時早くも学者として聞こえ、二十歳でサマリヤ総督になり、最後にはローマ帝国の重臣にまでなった人物である。こうした実際家として、また、歴史家（注・『ユダヤ戦記『ユダヤ古代史などの著作がある）として名高く、量としては旧新約聖書よりもっと多い著書を遺したので、当時の列強の実情を知るには無二の参考材料になる。

四、新約聖書

キリスト教を知るために必要なことは、議論の余地が無いところである。

五、ユダヤ教典 Talmud（タルムード）

一一八〇年に Maimonides が編集した律法解釈の本である。その内容は更に Mishna, Cemara の二部分になっているが、前者は律法を解釈したものであり、後者は解釈を更に解 釈したものである（この点も東洋の経書に類似している）。旧約、新約聖書よりも後にでき上がったのだが、現代から古代を推測するための材料になる。

六、金石文（碑文などのたぐい）

他の国では碑文のようなものが史料に利用される場合が多いが、ユダヤは特異でモアブ王碑一基が残存するのみである。

七、バビロン関係資料

ヘブライ人はアラビア、イラク地方の民族と共にセム族であるために、バビロン文明がヘブライ文明の母体となる。最近百年来、古墳発掘により多くの材料が出土した。

八、Gressmann; Altorientische Texte und Bilder zum A.T.
旧約聖書研究に必要なものを一つにまとめたもの。二巻よりなったもの。

九、Rogers; Biblical Parallels of Babilonia and Assyria
前者よりは簡略なものである。時価約拾五円。

以上をもって、ユダヤ歴史研究の指針となるほどの幾種類かの参考書を列挙したが、さて最後に、史観の変遷とユダヤ史との関係をしばらく述べたい。今までは歴史と言えば民族史で満足したものだが、これからは全世界を一つとして見る歴史でなければならなくなった。だから、昔の歴史では弱小民族であるユダヤ史が古代史の中で無視されたが、今日世界史の立場から見る時、ユダヤ史はローマ史以上の地位を占めるに至った。その理由は、

一、交通上の要衝であるために国際関係を知るのには欠くことのできない資料である。

二、現代列強諸国の宗教であるキリスト教を知るには、旧約聖書を知らねばならないこと。

三、ユダヤ史を知ってこそ世界史を知るようになる。神学研究ではドイツが最高、其の神学者は大部分ユダヤ人。

四、現存している古代民族はユダヤ民族だけである。バビロニア、エジプト、ローマ民族は既に地上から消滅している。

このような理由で、ユダヤの歴史研究は世界史を研究するのにもとても必要であることを知り得る。そのユダヤ史を研究するには、どんな参考書よりも旧約聖書が最も権威ある材料だと断言せざるを得ません、と最後に語調を高めて結論づけておられた。

残り時間を利用して約三十分間、柳錫東氏のエゼキエル書本文の批評があり、午後二時から、一週間我々集会のために裏方で苦労された婦人がたのために、特に家庭礼拝があり、咸錫憲氏からエペソ書第五章十五～六章二十節による、涙ぐましい説教が

あった。このことは聞いた人だけが永久に胸に刻み、更に記憶することであろう。

礼拝後、柳永模先生から、建陽社鄭世権氏の馬鈴薯栽培と食糧問題解決策に関する紹介があった。我々の態度をよく諒察されながらも機会あるごとにパンの問題を提言され、その信念と誠意と根気には敬服せざるを得なかった。続いて、明哲緻密な思想で多くの教訓を下さる。

同日午後七時から会員一同の「感話会」が開かれて、夜十一時半に司会者が中止を宣言するまで、絶えることのなかった懇談の内容については到底記録できない。「朝鮮歴史」及びその他の講演録を出版すること、『聖書朝鮮』誌に読者欄設置などの共通した希望があった外に、学校教育を受けられなかった人で参加した兄弟の一人から、前夜、大学を卒業した夢を見たとの実話が紹介され、参加者一同を爆笑させた。これは実際、我々の集会の一面を表わすものである。

この集会に参加する資格として、中学卒業程度以上であることという条件を付けたのは必要があってのことである。単に説教だけというならば無学の人と少年たちにも分かるように講話すべきであり、またすることも出来るだろう。しかし、学究途上にある我々の集会は、教える部門以外に進んで学ぼうとする人を排除することはできない。それ故に水準を下げることができず、少数であっても、この水準まで上がってくるのを待つより外はない。次年度の予定としては「量子物理学」の講話を聞こうと、今から物理学教科書を復習しなければならない状況である。この方針は当分の間変えないつもりである。

一月五日（金）　快晴、午前十時に柳錫東氏の「エゼキエル書」終講。続いて「福音書の研究」は、十字架の道と受難と復活昇天までを一度に終らせようとして無理が多かった。最後に約三十分間、五、六人の兄弟の熱誠のこもった祈祷をもって一週間の集会を終え、毎日新しい献立によって、独特なおいしい食事を提供してくれた宋兄宅で赤飯の昼食を頂いて解散した。

元々、この集会をこのような日記体で活字によって詳しく報告するつもりではなかった。今回からは多少の傍聴者を受け入れたが、それも募集によって参加したのではなく、制限に制限を加えての参加であった。この集会は対外的な示威運動とか主義宣伝を目的としたものでなく、この集会はひとえに対内的に、始めから我々の集会の精神にのっとり、自己修養を主眼としたものである。

それ故に、講師と言っても、大家が上手で巧みな話術によって説教するのとは違って、まるで受験生のように参考書までも持参して集まり、夜ごと勉強して翌日の講義をやっと果たす状況であった。こうした舞台裏の事情まで公に報告するのは愉快なことではないが、話す内容が研究過程にあって、数年後に完結するものもあるのでためらわず申し上げたのである。

ところが、地方の読者から、集会の詳細な記録を報告するよう切実な要請もあり、この集会が元来は全く私的な会合であったものを、今度のように少数であっても読者に公開した以上公的な意義があるので、やはりこれを誌友諸君は言うに及ばず、世間に向けても報告すべき義務があると感じざるを得なかった。

ただし、読者の中には、参加して見聞した人と同じように詳しく談話の部分までことごとく報告せよというが、第一に分量から見てそれは不可能なことである。

よくできてもできなくても、一年間または数カ月にわたって連載を引き受けた方五、六人が寄稿することになった。少数のあこがれていた者同士、胸襟を開いて日夜一週間続いた講話を一々記録すれば、その中から重要な項目だけ選ぶとしても、二十四ページの『聖書朝鮮』誌としては、三カ年以上を連載してもすべてを紹介するのは困難な状況である。第二に発表内容とその分量の関係で記録できない部分も少なくなかった。そのうち、柳錫東氏の「預言書研究」と咸錫憲氏の「朝鮮歴史」、金教臣の「朝鮮地理」だけは各自が執筆した原稿を今月号から連載し、その他は記者の記憶に残るものと筆記録を参考にしながら、大略を以上のように紹介した次第である。(以下略)

一月九日(火) 新年に新学期も始まったのだが、養正高等普通学校で満二十七年間(養正学校の歴史よりは一年間不足)忠実な僕《しもべ》の仕事をしていた老用務員が亡くなったことで、色々と考えさせられた。四半世紀以上を同じ学校で鐘を鳴らす用務員としては何一つ不平を言わず、与えられた仕事をコツコツ果たし老いて死んでしまったのだから、哀れな一生だと言えるかもしれない。

自分の知恵と技能を持って夭折する人間も多い現代である。しかし、与えられた仕事を自分の天職として行うことは、確かに一つの「能」ではないか。多くの生徒が大人になり、教師になり、博士になったりすることなど色々目にしながらも、彼自身は終始一貫、用務員の地位に留まって動かなかった。一年生の生徒たちには先生や父兄のように大声で叱ったりしたが、四、五年生には友達のように接したり、卒業生が先生として赴任した時には敬い仕えた。この世で彼は一生涯低く卑賤な地位に居たが、誰か知らん、あの世界での席次を! 温順で忠実だった老用務員の顔が二度と見られず、学校内が実に寂しくなった感慨を禁じ得ない。

一月十七日(水) 平壌イエス教会中央宣道院が創刊した『イエス』という寄贈雑誌が一冊届いた。通読しながら、多くの教えを受けた。李龍道氏とその同志たちには、何よりも涙にその特色がある。涙は真実の人でなければ流すことはできない。我々の『聖書朝鮮』誌にカリウム成分が勝るとすれば、『イエス』誌には窒素成分が多いとでも言おうか？　燐酸、窒素、カリウムの三要素が適当に調合されて植物は健全に発育できる。とにかく読んで有益なことが多かった。

一月二十八日（日）　午前八時半、京城駅発車で坡州郡内面釜谷里に農事見学の遠足にでかけた。生徒数名と宋斗用兄が同行。汶山駅から六、七キロ離れたところ、途中に雪景色は見えるがとても温暖で今年の初春がやってきたようだ。坡州郡の旧い町である坡州里を過ぎる頃から鶏の白色レグホン種が家々に見られ、処々に鐘を高くつるしては、その下に集卵鐘、早起鐘などの符号が書いてあるのも注意を引いた。

共同便所、井戸、ごみ箱などがセメント造りで整頓されているのも、生活する人たちの暮らし振りを想像させる。釜谷里の白鳳鉉氏の養鶏場を訪ねると、世間の評判がよく、高官の視察が頻繁だとの事実に比べて、養鶏場の規模の小さいこと（現在七十余羽）、各種の設備が簡素なこと（舎屋、産卵器、金網など皆自家製）、飼料の独創的な開発（純朝鮮的で実際に即した飼育法）、その他十余年間にわたる経験談など、感心させられるものばかりであった。まして白氏が松都高等普通学校で修学中神経症にかかり、帰農して約十余年にして純朝鮮式の養鶏法を開発完成し、自分だけでなく釜谷里全体を養鶏模範村とし、披州郡内で借金取りを一掃し、村ごとに公会堂その他の施設を充実させたのも当然のことではないか。

一人の十年間の努力も決して小さくはない。もし現在、全朝鮮中等学校以上の学生がすべて神経衰弱になり、一郡または一面（注・地方行政単位の一つ、郡の下）に数人ずつだけでも帰農するとすれば、十年後の朝鮮は大きく変わるだろう。過去の実験を著述で発表してくれるように要請して、時間に追われて辞去した。

一月三十一日（水） 夕刊で五山高等普通学校全焼の報を見て驚いた。翌日、咸兄の来信に、

…私たちは今、大患難にあっています。直接授業には支障はありませんが、当分の間は困難が多いでしょう。五山は今、真実な更生をするために悲壮な覚悟を必要とする時が来たのですが、どうなるでしょうか。古着を再び集め、綻《ほころ》びたところを縫い合わせ、乞食のぼろぎれを仕立てる愚かな事をしはしないか心配です…。

南崗先生が生存されておられれば、こうした時の処置は見るべきものがあったろう。盲人が象にさわって見るように、大南崗の一部分ずつをさわって見た小南崗たちが、すべてを間違いなくやりおおせることができるなら、半島の慶事となるだろう。

二月

二月四日（日） 山野に白雪。雪下の立春も立春は立春である。この日、立春を探し求めて野原に行ったが、春を見出せず帰宅し、わが霊魂の内に立春を迎える。氷点下の立春は、氷が厚ければ厚いほど春がひとしお恋しい。

二月八日（木） 江華島の病床にいる友より手紙、以下の如し。

愛する先生、教弟をこれほどまでに愛して下さるのですか。昨秋から貴い『聖書朝鮮』誌を送ってくださるばかりか、数日前には教弟にとり、良き治療法となる日本語の『病床に在る友へ』までも恵送していただき、感謝のうちに拝読しました。先生もご推察のことと存じますが、この悪らつきわまりないＴＢ〔結核菌〕に

捕われの身となった憐れな私をご理解ください。昨秋から感謝の手紙を差し上げようと思いながら意のままになりませんでした。今回貴誌を通じて、イスラエル民族に対して我々の神の摂理が徹底して成し遂げられた事実を拝読しながら、現在は教弟一人に対して先生を通して我々の神の御手が下されていることに気づかされました。神は因果応報の法則を正しく実行なされることと存じます。しかし試練を下さるとしても、それを避ける道をも示して下さるという聖句に感謝しました。特に教弟の闘病にもっとも緊要な武器となる空気を無償で下賜されることに感謝いたします。先生、教弟は闘病が二度の秋にわたり、二重、三重の苦難との戦いが続き、心身ともに非常に疲れています。それ故、我々の神に祈ってくださることを敢えてお願い申し上げます。ヤコブ書第五章十三節以下の聖句に力があることを信じお願いいたします。ああ、我々の神よ、この息子が過去にしてきた悪しきことをお許しください。アーメン。

ここに述べられた『病床に在る友へ』(上田穣著、岩岡書店、一九三四年発行)の本は、李鼎燮氏から本誌を通じて送られたものである。とても良い本なので百部を発行所に注文したが、品切れとのことでまだ届いていない。

○誌友から柳錫東先生の文章を督促する人があり、やむを得ずその間に起こった一部始終について報告したい。柳先生の「ガラテヤ書の研究」もまだ続けるつもりだったが、特に冬期聖書集会で発表した「預言書研究」は、二月号から連載することを柳先生自身約束されたのである。その後、一月二十五日付で次のように提案があった。「最近、力を貯える必要を痛感します。キリスト教の歴史、古典、註解などに対する読書会を始めるのはどうでしょうか。時間、回数、期間などは我々の状況の許されるままにして、枯渇して行こうとするこの信仰による知識の源泉をどうすればよいでしょうか？　もし善い対策があれば教示して下さい。結局、私個人の問題、私に関わる社会の問題であります」。また、同三十日夜には主筆の所に先生が訪ねて来られ、具体案を討議した結果、毎月十日ごろ『聖書朝鮮』の編集会議を開き、内容の充実を図ろうと言われたので、これもやはり主筆は多大な感謝をもって賛成するところとなった。

その後一週間目の二月六日に、突然電話で『聖書朝鮮』誌に執筆することを中止する旨の通告があったので、その変化の余りにも急激なのと、読者に対する公約にも背反することを述べ再考を促しましたが、ついに二月八日に次のような絶縁状みたいな文書に接し、大変寂しくはあったが已むを得ないこととして受け入れた。

一、火曜(二月六日)午後電話をかけたが授業中。
二、今は私の状況では、冬期聖書集会や『聖書朝鮮』誌に聖書研究を発表することは私の分に過ぎ、不適当なことと痛感するようになりました。そして一人の英語教師として、または一家庭生活のために仕事に忠実なことが、聖意のように考えるに至りました。
三、兄の集会または『聖書朝鮮』誌に対する悲壮にして聖なる決心を、私の軽率にして安価な同情とか約束のゆえに崩れさせることは済まなく思いますし、さらに神様が兄を通して働かれるその御経綸を、私が踏みにじっているのではないかと考える時、とても恐ろしい思いがします。
四、兄をよく知り、私をもよく知っている何人かの兄弟が、主筆の責任を云々する言葉をしばしば聞く時、私は大変心苦しいのです。私が原稿さえ書かなければ、こうしたことは霧散するも

弟　柳錫東

二月八日　朝

右のように、我々の間には信仰上に重大な相違点が発生したのではなく、お互いの感情を傷つけたのでもなく、ただ柳先生が『聖書朝鮮』誌とその主筆を真心から愛する故に、「お互いに孤独の中に主に従っていきましょう」と言うのである。ただこのようにして絶交された者の感想を一言で言うとすれば、「よくも変れるものだ！」ということだけだ。とにかく、このようになり、柳錫東先生と『聖書朝鮮』誌及びその主筆とは互いに関係がなくなった。

三月

○最近、未信者から本誌へ左記のような感想が寄せられた。

一、私の愚かな心ではこのように考えます。『聖書朝鮮』誌をみると、あまりにも研究が多すぎるように思います。それよりも巻頭言、「城西のと思います。

五、『聖書朝鮮』誌はどこまでも兄のものと思われ、内部的にも外部的にも兄の色彩を鮮明に打ち出すのがよいでしょう。

六、これは私の一時的な感想でなくて、過去半年間ずっと考えてきたところであり、今神様の前で言っているのです。

七、農村で安定した生活をしている宋斗用兄とも集会を分離しました。農村に使命をもつ宋兄に、私の信仰が安定していない生活から話すのが適切でないのではないかというのが、最も大きい原因でした。

八、私は恐らくこれからもさ迷いながら歩くでしょう。さ迷う者の信仰で一生を終るかも知れません。

九、それではお互い孤独の中に主に従っていきましょう。

通信」を増頁する形での時事問題、私達の日常生活を生きていく上での指針を多くしたほうが良いのではないかと思います。しかし、このことは信仰を持たない者の希望ですので一顧の価値も無いとは思います。ただ無信仰の私達も「人類の思想がいまだ彼（キリスト）より以上に達せられたことは無かった」というカーライルの言葉を聞き、霊的な勇気をもってあらゆる現世的欲望を弊履のように捨てたキリストを知る時、小心な私ですが勇気が与えられ奮い立ちます・・・・。

二、「認識不足」については、いつも注意深く諷刺文学というものに思いを馳せている者として、大変興味深く読みました。「奴隷の言葉」による以外に明白にものを申すことのできない世相ですが、そのような言葉はより一層人々を覚醒させるものがあると推察されます。昨今はあらゆるものが魔術のように様変りし、言語も全く金銭と同じくすべてを合理化する道具として——したがって人間が言語を発するのではなく、言語が人間を製造し支配する現象——あらゆるものが転倒していることは明らかであると思います・・・・。

以下、東京からの通信二十二行は略す。

以上は勿論、本誌が期待する正統的な読者の要求とは距離がある。しかし、篤信者で教職者である者から種々の説教材料、つまり、すぐに利用可能なものを掲載せよ、と要求されるのに比べると心地よさは幾十倍である。宗教的に聖化（？）された篤信者の言辞より、唯物論に立つ学徒の行動に、我々の心の琴線に触れことがあるのは事実である。少なくとも言語は読んで理解できるものであるが、神秘的宗教家の朝鮮語は我々には理解できないものがあまりにも多い。願わくば、我々は異邦人らと良心に照らして議論してみようと思う。
○本誌についての親族の観察は左記の如し。
　長い間、消息が知れなかったが、少し前に送られてきた『聖書朝鮮』で君の近況をおおよそ推察できた。・・・実は『聖書朝鮮』を昨夜精読し、君の精進を推察できてとても悦ばしく思う。最近、金氏一族のある者には経済的打撃が深まり、あるものには兄弟不和などと寒心に堪えない事ばかり起こる昨今、君の快報は親族の私を慰安して余りあるものだ。小にしては一家一門のため、大にしては朝鮮のために一層の発奮健闘あらんことを切望する。信仰生活に入る入門書があれば一冊、送付してくれるよう希望する。三月十二日　従叔（注・父方の従兄弟《またいとこ》）。
イエスを信仰して十数年、『聖書朝鮮』誌が号を重ねて六十号を超え、この間、骨肉である近親からの反響は今回が初めてである。祖先祭祀の問題をめぐって見解を異にして以来、ほとんど一族から除籍された形で身を処した者に、このひと声は天来の嘉信、吉報と言わざるを得ない。キリストの教訓によって私たちの骨肉の情は冷却し切ったものと思ってばかりいたが、現在まで肉親の情がほとんどそのまま残っていることを知り感謝する。真に、
　実際、わたしの兄弟、すなわち肉による同族のためなら、わたしのこの身がのろわれて、キリストから離されてもいとわない（ローマ九・三）。
　願わくは、わが族譜（注・家系図）に記録された者と、将来記録される者まで一人も残さず、キリストによる甦生の経験に至らんことを。
○教員の間で、ひと月に一回ずつ雑誌を発行する事は奇跡だと称するのをしばしば聞く。たとい執筆者の数を十余人列記した時でもそうだ。たしかに奇跡と言う言葉が相応しい。カーライル先生は赤ん坊の

出産を「驚くべき奇跡」だと言った。毎月一冊ずつ発刊する雑誌も、結局奇跡無しではできない、と私にも自然に信じられる。最近数か月の間は特にそうだった。家の者に向って『聖書朝鮮』一冊を作り出す方が、産婆の助けを得て出産するよりも一層困難であるように思うがどうか」と尋ねて見ると、「本当にそうだ」とうなずき慰めてくれる有様だ。一度怒ることは十年の寿命を縮めるとも言うが、第六十二号の後、どのようにして次号が出せるかと思うと、身のすくむ思いがする。

文学も神学も学んだことのない者が、これほど無謀なことを何故始めたのかと後悔し恨みもするが、避けられないことであった。それればかりでなく、最近は法規に抵触することが多くなり意気消沈することが多いが、願わくは私の血の気の多い気質は日々に死んでもよい。ただ霊性の意気だけは強くなればと願っている。今号にも意味の通じないところがあったり、発行日も遅れてしまったりで恐縮であります。

三月十五日（木）黄海道・遂安の金路得氏に教師を推薦することを一旦辞退する。新学年を迎えるに当たり人を求めるところが数ケ所あった。特に講習所の先生を求めるところが比較的多いが、その安月給を甘受する人は稀で、その上、農民学校の先生となれば農業の経験と信仰を具備した人を探すことは困難である。一方、中等学校の物理、地歴の先生の場合は七十円よりは八十円、八十円よりも九十円と月給を用意する必要があり、また、任地については義州より平壌に、平壌より京城へと都会を選ぶ以外、教育的使命を自負する先生を見つけることは至難のワザである。

就職が困難だとわめき立てても、今本当に欠乏しているのは職でなく人物のようである。現代人は善意にせよ悪意にせよ、他人を利用することだけを知り、他に利用されることを知らないか、あるいは知っても引き受けない。だから「就職」というのは「職務に就任」するという意味でなく、餌食をとらえるという意味に過ぎない。それ故に飢渇した時には飽食を求めて、職を交替するためにはあらゆる術策を尽くし、旧い友人の信義を破ってでも、自己中心の欲望を充足させようとするのみだ。

心の持ちようを変えることができるものがあれば、実に多くのものは職業であり事業である。我々は時々「事業の洪水」という言葉を使うが、たとえば、黄海道の金路得氏の信仰的な農林事業の職場でも誠実な人物を今求めているが、寡聞にしてそのような人物が推挙されたことを知らないことを悲しむ。

三月十八日（日）日曜日にもかかわらず、原稿作成のために行方をくらませるため養正高等普通学校の博物室に身を隠そうとしたが、どのように探しあてたものやら宋兄につかまり数時間、話をする。ともあれ親友の訪問と語らいほど嬉しいことは無い。ただ、如何にすれば毎月産み出す『聖書朝鮮』誌の妨げにならないかと憂慮もし、時間を惜しむだけである。

三月二十四日（土）最近、肩のあたりが縛られたように締めつけられ、疲労が容易に回復しないので、ある医師の診察を受けたところ、神経痛のようだから生理的に休養が必要なばかりでなく、老子のような書籍を読んで神経を興奮させないようにせよと言われた。

それで、老子は孔孟の道と相反するだけでなく、モーセ、イザヤ、エレミヤ、バプテスマのヨハネ、パウロなどの熱火のようなイスラエルの諸預言者とは水と火が相反するように違った思想だと言うと、医師は聖書により鋭敏化した神経を、老子によって沈静化させるのもすぐれてよい方法だという。老子に酔いしれるには年齢の若過ぎるのが恨めしいことだ。

それに、老子という名前からして我々の嘔吐を催してやまない。老子によって百年の長寿を保つよりも、むしろ孔孟の徒としてモーセ、エレミヤの弟子として、一日の生を完うすることを望む者であるが、ああ、これは我々の頑固さのためであろうか。

四月号は原稿全篇が不許可となり、再び書き直せとの注意まで付いて戻ってきた。急に三万余字の原稿のほとんどを一人で受け持つことになった。

四月

四月四日(水) 神学校から信仰を求める声が左の如く来る。

先生、主の恩恵の中に健康を守られ平安であられお母様や奥様もお変りなきことでしょう。過ぐる一年間一筆も差し上げず、何と先生にお赦しをいただくことができましょうか。全ては私の誠意不足であったためであります。先生、ずるい言い訳のようですが、いたらない罪人の全てをお赦し下さい。大阪に来てすぐお手紙を差し上げられず、一日一日と遅れてしまい今日になってしまいました。背恩亡徳な罪人ですが、先生のお祈りのおかげで無事です。名前だけは神学生という名称ですが、もう少し熱い生命のある信仰に接してみたいです。ここには神学生が多数いますが、熱い生きた信仰生活を行う者は見ることができず、私も冷たい状態にあり、聖日になれば教会に通いながら教会の手助けをしていますが、自分自身がもっと徹底した信仰生活を渇望している状態にいます。信仰が足りないことを切実に感じています。先生、手紙ででも時々教訓を述べて下さることを、伏してお願い申し上げます。先生、最近、聖書研究会に学生たちもたくさん集まっていますか。梧柳洞におられる先生(注・宋斗用のこと)たちもお変りないことでしょうね。私は今年二年生になり、四月十一日から新学期が始まります。主の恩恵の中にいつも霊肉が健康であられるようお祈り申し上げます。

四月一日　〇〇〇拝。

四月八日（日）　大阪市の張道源牧師より家庭の事情と教会内の問題があって、五月号にも執筆できない旨の手紙が来る。誌友の加祷を願う。今日、ようやく余暇を得て水色里にじゃがいも、ごま、西瓜などの種播きをしたが、後になって一部分が時期尚早であることを知って爆笑する。農事における最初の失策。

四月十二日（木）　意外な人（我々より先に入信し、現在は篤信者で専門分野の面でも一家を成した人）から誌代と一緒に注文があり、左記のようにこちらの事情を伝え、了解を得て読者登録をする。

兄へ。『聖書朝鮮』誌の最近号数冊を贈呈しましたのは、次の冬期聖書集会の講話をお願いした関係で、前回の冬期聖書集会の範囲と程度をお知らせするためで、決して雑誌の押し売りするものではなく、あるいは、信仰的に貴兄を教導するという僭越な動機からではありませんでした。この本意を察してくださるなら、今後も雑誌を発送いたします。云々。

これについての回答は左のごとし。

今日、お手紙を拝読いたしました。『聖書朝鮮』を読んでみると得るもの多く、今後も継続し読みたいと思って数日前に送金したので、そのようにお察しいただき、毎号お送りくださるようお願いします。とり急ぎこれにて失礼します。四月九日　〇〇〇。

このようにして我々の少数の誌友は決定される。無償で受けたものが慰めとなり有益となるなら、誰にでも無料で差し上げよう。しかし、真理の価値自体は保たれねばならない。世俗的に押し売りはできないと同時に、私の主幹している雑誌だけが高貴であり、世の中すべての人々は私に学ぶべきだと言う「聖霊」からのお告げを振り回す読者の存在は、私の常識が許さない。それゆえ、万に一つの止むを得ない事情を除いて、無償贈呈はむやみにはできない。

四月十五日(日)　私の信仰生活を推し量る某氏の手紙、左のごとし。

いつもご多忙のようですが、学校の新学期に当たり特に暇はないでしょう。宗教を信じると、貴兄のようにそんなにも精気に満ち溢れるものなのかと改めて思います。そのような精気が、この信仰無き小生にもみなぎるよう貴兄に祈ってくださるようお願いします。人生とは感激がなければ、どのような活動も意味がなくなり、それこそ棺桶に片足を突っ込んだ生活に陥ってしまうのではないかと思います。小生が考える貴兄は、信仰によって日々の生活に深い感激がもたらされ、普通の人が追いつけない成果があらわれ、また意味深い価値ある生活を続けていらっしゃるのだろうと信じる次第です。なにとぞ現在の感激に満ちた生活を継続され、より多くの成果をあげられ、衰退する半島人の覚醒、否、救霊事業に多大な貢献をされますよう願ってやみません。共に住んでいる友が一人いますが、彼は以前からキリスト教を信じており、貴兄の文章を読んでたいへん有益だったとのことです。後日、感じる所ありましたら、またお手紙いたします。これにて。

たしかに精気なき世の中で強者の幸福を得ることは、また格別な趣きである。私に強い精気があるためではなく、強者に捕えられ強い精気を発揮できるところに信仰の秘訣がある。涙なくして一日を送ることは、想像するだけでも砂漠のようだ。

四月十七日（火）誌友某氏の次のような訓導（注・小学校教員）生活一年間の記録を読み、緊張感のある生活が立派で羨ましかった。

（前略）謹んで申し上げます。就職満一年の状況と感想を先生に申し上げます。昨年春四月五日に赴任し、一年生を担任して一学期間、研究を数多くしました。当時は毎日の授業の準備のため教材を調べましたが、今、振り返ってみるとこれもまた研究でした。全てが初めてで物事に通じていない白紙状態である幼児教育一年の歩みは、門下生に何か大きなものをもたらしてくれました。人生の純粋な心理教育の基本の全てを教えてくれました。したがって、教師の立場が如何にあるべきかを私に明示してくれました。十二月に本道の学務課が主催する各科の教科課程編纂に携わることになり、本郡は国語科でしたが、校長が小生を配慮してのことか一年生の分を引き受けて来ました。そういう次第で、約一年間の研究結果をまとめて提出することとなり、個人研究が学校名義の研究になってしまいましたが、職業科と他教科との連携、養鶏法等の研究も少しですが書き写させてもらったこともありました。現代は職業教育が叫ばれており、先生が農村に帰りなさいとおっしゃったことも、今はその意味が確実に理解できるようになりました（中略）。

三学期には、小生が簡単にその日その日の感想を黒板に書くと、子供達はそれを読んで喜んでくれました。このとき小生は成功の拍手を心の中で一人でいたしました。名前も書けずその意味もわからなかった白紙の児童が、文字を介して私の感想に反応する時、嬉しくてしょうがありません。このとき父母の心情はいかばかりか。むろん教師以上であろうと思いましたが、二年に進級後、謝意を表した父母は数人だけでした。学校に入れたので教師が教えるのは当然のことと考えてか、あるいは、かつての朝鮮教育が不十分で、結局は父兄たちに対する教育が十分でなかったためかもしれません。このことは先生のご教示を受けてから判断しようと思います。けれども子供達は学級担任の変更が発表されると、全員が十日余りも泣いて、「私たちの学級担任がどうして五年生の担任になるのか」と騒ぎました。師弟の関係とはこうしたものでしょうか。このように一方に惜別の無慈悲さが、他方にこの歓びがありました。先生が私達を送られるときは、これ以上の思いをされたのだと思います。振り返ってみますと、先生の範に倣《なら》った所以《ゆえん》と申せます。「厳しさの中にも厚い情で師弟関係に向き合われる」先生を、小生は一年間しっかりと見倣って来ました。その結果は成功といってもよく嬉しいかぎりです。今年は五年生の担任になりました。昨年度の一年間は初めての経験でしたが、今年は未熟な経験とはいえ、それらに照らしてさらに研究、努力する所存であります。〇〇という場所は酒と水商売方面が繁盛し風紀が悪く、いつも、反省・謹慎していますが、来年は転勤するつもりでおります。このような場所を改革することは教育の力ですが、金持ちであったが落ちぶれてしまった家の子弟に、不良青年が多くて対応に慎重さが求められることがたくさんあります。以上をもちまして、一年間の感想を先生に報告し終わりたいと思います。長い間、お手紙を差し上げずお許しください。以上のことについてご批判、ご教示くださるよう切にお願い申し上げます。

四月十三日　　　　門下生　〇〇〇。

右と同じような人物が、訓導（注・小学校教員）生活半年目に送ってきた手紙は次のようであった。

（前略）教員生活もすでに一学期を修了し、二学期もほどなく終えようとしています。この間、道視学官の視察、母姉会、父兄会、音楽会、運動会等の諸行事がありました。一学期に視学官の視察があり、教授方法その他諸々のことを見ていただきましたが、小生は先生の日頃の教えの万分の一なりとも心に銘じたおかげで、多くの賞賛を得ました。また小生のような内気な者も母姉会等、諸集会で話すことが面白くなりました。ところで諸集会に参加して感じたことのひとつは、大半が精神的な集まりでなく、形式的で体面を維持するための集まりでした。自分の子どもを学校に入学させたら、担任とその子供の将来や家庭環境や、子どもの個性はこうなのですがどうすべきかという相談はまったく無いばかりか、教師と心を通わせることも殆んど無く大変遺憾でした。母姉会の主旨もこのような事柄を目標としているのですが、活動写真や物見遊山にでもきたような気分であり、朝鮮の旧習ということもありますが、担任と話を交わさずに帰ってしまう方が多いのには驚きもし、また寒心に堪えず、このことは将来の改良点であると考えました。

先生、児童たちと毎日過ごし、短期間にいろいろと経験しましたが、嬉しいことがひとつありました。先生が卒業後に農業をせよとおっしゃいましたが、最近は職業教育が奨励されるようになり、家の田畑だけでなく学校でも少し農作業をしています。畑作にはそれほど興味はなかったのですが、水田は半マジキ（注・約百五十坪）ほど精を出して耕したところ収穫が二石三斗あがり、児童たちといっしょに喜びでいっぱいになりました。ここは金融組合や郵便局などが無い非常に不便な場所ではありませんが、見聞が広まらず刺激を受けることも無く、常に心がけてはいますが、読書方面に趣味をもっていても思うようにならない時が多々あります。読書の熱意を持って中学教員検定を受験する志はありますが、万事は意のままになりません。

この者は養正高等普通学校にわずか二年間修学し、卒業前に師範学校に進んだ者である。卒業までの五年間を学んだ者に比べると、彼は中途入学、中途退学した旅人に過ぎないが、彼なりに養生高等普通学校での二年間に得る所が大きかったと感じているようだ。授ける側に差別があるのではないが、受ける器によって確実に大小と賢愚に分かれる。彼の大成を祈るとともに、彼は教師に与えられる報いの最大なものが何であるか、わかっている者である。

四月二十三日（月） 読者の所感に、

……先生、四月号の「亡ぶなら滅べ」、「蛤《はまぐり》のために弁ず」（注・『双書』第2巻の一一七頁と一六六頁を参照）を読み、このような国のキリスト信者にこれをどのようにして説明したらよいのかを考え泣きました。

と。執筆者も書きたくて書いたものではない。事実、涙でもって書いた原稿である。

四月二十四日（火） 海州療養院から見知らぬ兄弟の手紙。海州もまた遠方でなくなったことに感謝する。

先生の人格をお慕いして久しくなります。お送りくださった二冊を拝受し感謝に堪えません。同病の友と一緒に読みます。そして早く健康を取り戻し、親愛なる柳君とともに、先生のご指導を受ける日が一日も早く訪れることをひたすら神に祈ります。葉書でこのような失礼をお許しください。

但し、「人格」というと一般の概念では、公会堂で結婚式を司式する人格者を連想させる言葉で、不愉快ではある。我が救い主キリストが当時の宗教家の輩《やから》どもの謀《たく》みで茨の冠をかぶらされ嘲弄された時に、そこにどのような「人格」というものがあっただろうか。未見の兄弟よ、あのイエスの下僕《しもべ》である私に、いかなる「人格」らしい「人格」が備わっているだろうか。どうかお会いする日に、落胆しないで下さい。

四月二十六日（木）　朝方、脳貧血を再発して、床に伏したまま数日を過ごした。医師が命ずるには、読書せず思索せず執筆するなと言うが、これは私にとってはほとんど死刑宣告を受けるにも等しいことである。虚弱な身体ではなくても、無理な虐待を肉体に加えたら病人になってしまうのだ。しかし、小人閑居して不善をなすというが、我々のような小人には病床で休むことができて、むしろ感謝である。

こんな時に五山の咸兄から手紙が来た。

春たけなわです。いいですね。心は渡り鳥のように大陸から大陸に天駆けたい思いでいっぱいです。恩恵の中におられ、お宅の皆様平安でしょうか。赤ちゃんは特に健康ですか。兄はひょっとして過労になっていないでしょうか。私は今、学科時間が増え事務時間は少なく、比較的に自由であり、この世を仮の宿と知り得ることほど幸福なことは無いかに思えます。近ごろ土に親しむ暇がありませんので、千坪（約三千㎡）の土地を手入れするのも並大抵なことではありません。

土に親しむことは最善なことである。だれもが勤労に耐えられるほどの身体を鍛錬しておくべきである。

四月二十八日（土）　平壌に初めて赴任する誌友から、左記のような消息が届いた。

長らくご無沙汰しお詫びの言葉もございません。久しく一通の手紙もお送りせずお許しください。今まで住所が数回変わりましたが、小生が怠慢な性分のためこのように滞《とどこお》りました。その間も『聖書朝鮮』の使命を尽くすためにどんなにかご奮闘のことと存じます。実に先生がご苦労されるお姿が眼に浮かぶようです。先生から購読するかどうか最後通牒をいただきましたが、『聖書朝鮮』誌を継続購読いたします。やめることはできないという思いがあり、継続講読を希望します。なんら理解に乏しく取り得のない読者ですが、お見捨てにならないで下さい。しかし、『聖書朝鮮』誌を受け取る時だけは愚かな私の霊も啓発されることは、どうしようもない事実なのです。

雑誌を発行する以上、一人でもより多く読まれ共鳴されることを望むが、それは互いに恋慕する心が持続する限りにおいてである。無益と認められる時に中止することは互いにとって有益である。それゆえに我々は虚偽を免れるために、時々、最後通牒を発して発送を中止する。

四月三十日（月） まだ病後の完全快復をみないが、左記のような手紙に接して、実に感慨無量。

数日前に送られてきた講演録を受け取りました。四月号の『聖書朝鮮』を読んですぐさま手紙を差し出すつもりでしたが、充分に考慮しなくてはと心づもりをし、今まで控えておりましたが、ようやく便りを出すことになりました。『聖書朝鮮』を受け取り、「城西通信」の意外な記事に驚きました。営利上の目的をめぐって両先生が喧嘩をするということであれば、それほど苦しみ悩みませんが、先生方の別離は夢にも想像しなかったことで心配でたまりません。今日まで数百回、その記事を繰り返し読みましたが、その明白な原因を知ることができず、やるせなく苦しいです。佐藤得二先生がたいへん心配されて、藤井武先生が内村先生の門下を去った当時の先生の心境を語られました。（中略）

四月二四日　夜　〇〇〇　敬具

追伸　先日養正で甲組の同窓である東京市〇〇〇〇〇学校に在学中の〇〇〇君からの手紙の中に、別紙のような意外な一枚があり、半信半疑で、本当に恥ずかしく畏れ多くあります。在学中甲組はもちろん、乙組の友達にも憎しみと嘲笑の的になっていた彼から、このような手紙を貰おうとは夢にも思いませんでした。それですぐ答えたのですが「友よ、万一私に針のように小さな美点があるとすれば、それは全て金教臣先生から受けたものであり、これからは私を愛するほどに金先生を尊敬して学んで下さい」と返事を書きました。先生、わからないのは人

であるようです。云々

藤井武氏が内村先生の下を去る時は明白な理由があったが、我々の間にはそれがない。理由のある絶交は天地の間に厳然と存在する人間の行為だ。理由もなく或は表明もなく行う絶交は、絶交の「遊戯」に過ぎないものである。「遊戯」を「行為」と受け取るのは、人生を見る立場に大きな差があるためである。ここに胸が痛む所以がある。私がアメリカの地理を教えようとして、アブラハム・リンカーンを紹介したことがキリスト教を宣伝した行動であるという理由で、七十余名の卒業生による団体的ないじめを受けた光景を連想すれば、本当に「わからないのは人間のようだ。私に言わせれば兄弟よ、万一、私に針のように小さな美点でもあれば、それは全てキリスト・イエスから受けたものであり、この後、私を愛するほどにイエスを尊敬し、信仰して下さるように」という言葉しかない。

四月末、週刊ロンドン・タイムズの記事で、大英聖書公会の報告書によると、過去十二ヶ月間に聖書一千九十三万三千二百三冊を出版、前年度同期間より三十一万五千七百三十三冊増加したという。但し、新約聖書は三万九千冊減少し、旧・新約聖書合本はかえって三万九千冊増加し、小冊（分冊）聖書も三十一万五千冊増加したとのこと。英文聖書は英国内に八十五万五千四百四十八冊、英国外に五十七万二千冊配布され、合計約百四十二万七千冊の英文聖書が一年間に発行され、これとは別に、アジアでは六百七十万八千冊、アフリカ州では五十万九千冊がそれぞれの言語で発売されたとのこと。なお昨年一期間に新しく十一言語に翻訳されて、すでに合計六百七十八言語の聖書が発行されているとのこと。アメリカ、ドイツ、フランス等を合算すると、聖書発行総数は、実に毎年四千万冊を超過するだろう。聖書の偉大さよ！

五月

五月初旬、病気になり、連日服薬しても格別に効き目が無い。やはり身体は適度に動かして健康を保持すべきであり、薬で健康を取り戻すことは徒労のようである。神経過労には薬よりも休養が必要というが、それは私には当分は許されないことである。

五月八日（火） 郡庁から尚州税務署に転任する誌友より便りがあり、ついに彼が本格的な税吏になったことを知る。聞くところによると、官公署職員の中には出張が頻繁にあるという理由等で、特に税務係勤務を志願する者が少なくないという。しかし、彼は「税吏」の名称を避けたい気持ちと、また彼自身の性格から税金を徴収する者として耐えられないなどという理由をあげ、数回上申して税務係員を辞退したが、上官は許してくれないばかりか自ら志願する者はかえって斥け、望まない彼を選び税吏にしようとして数年になるとのこと。その理由は、彼が篤実なキリスト者で禁煙・禁酒はむろんのこと、一般人から接待されることを、大罪を犯す以上の苦痛と思う非社交的人間であることが郡庁内外に知られているためとのことである。彼は以前、このように言ってきた。

同僚達と出張先で避けられない場面に遭遇し、(同僚との関係上)何がしかの接待を受けると、どうにも消化できず腹をくだしたり吐いたりするので、そういう時はいつも感謝します。「主よ、貰って食べてはならぬものを食べたため嘔吐、下痢は当然でございます……」と。

言うならば、彼はキリストを信じるが故に、郡庁から税務署へと選ばれ正式税吏になったのである。可笑《おか》しいようであるが、しかし、適材適所であることは否定できない。各地の税務署に彼のような税吏が勤務すれば、法規運用がどれほど円滑に進み、正直な民の恨みの声はどんなにか減じられることだろう。税務署の税吏にもキリスト者を必要とするが、刑務所の看守、警察署の巡査、停車場の駅員等々すべて、どこでも善人を必要としているようだ。

五月十日(木) 学費の援助を請う苦学生に、『聖書朝鮮』誌の誌代をそれに充てることを交換条件にしたところ、次のような謝罪文がきた。

先生、お許しください。昨日、手紙を差し上げた時、どうして眼がくらみ魔がさしたものやら、誠に無知蒙昧かつまた無理な、人として到底言ってはならない非人間的お願いをしてしまいお許し下さい。あゝ、金銭的に損をしながらでも発刊するのだというお言葉は直接に伺うことはできませんでしたが、いつでしたか崔南善先生より初めての雑誌を発刊する時、損害をこうむりながら発刊したとの話を聞いた記憶があり、先生も金銭的に損をされていることと思います。いつも陰ながら尊敬しながらも、あのような無理なお願いをしたことを今になって気付き、誠にどうお詫びすれば気が休まるのやらお赦しください。あのような無理なお願いをしてしまい、先生はさぞかし心を痛めまた落胆されたことでしょう。思い起こすと泣きたくなります。云々。

このことだけでなく『聖書朝鮮』誌発行は、現在の我々の立場としては四方八方に向き合うための青龍刀であり鉄楯でもある。全ての力と誠をこれに傾注しているためである。教会堂建築の寄付を募る牧師にもこの鉄楯で防ぎ、生活補助を求める病人にもこの楯で守るほか方途がない。罰金で科料に処せられたと急を告げる親族にも、我々は『聖書朝鮮』誌という楯を手に取って立ち、「‥‥私の父母と兄弟とは誰か?」と耐えた。明日はわからないけれども、『聖書朝鮮』誌を毎月刊行するためには、そして、旧友や親族に迷惑をかけないためには、内輪の、特に私に直接委ねられている家族に、耐え難い犠牲を求めなくてはならない。私は知人がこの事情を知らないでいることを願わず、『聖書朝鮮』誌発行のことを無駄といい、また軽蔑視する人は、その人が近親者であっても、聖霊の啓示を受けたと自称する者であっても、私にはなんら関わりない者である。また血族、親友、貧者、病人、牧師、農民が私に物を乞うときは、『聖書朝鮮』誌一冊を贈呈をすることが私の最大限できることだと理解するだろう。これ以上のもの、これ以外のことを求める人は、『聖書朝鮮』誌を無視する者と私はみなす。私にも世間の決まりどおりこう主張することをお許し願いたい。(二コリント一一・一七~一八)。

五月十五日（火）生徒の父兄の古稀の祝いの五日目の宴に招請されたが、泰平の時なのか、非常時なのかと、考えれば考えるほど判断に苦しむ。

五月十六日（水） 面（注・村にあたる）書記の職にありながら、月給十五円が不満なので第三種訓導試験を受験するという者、遊んでいるよりはましなので警官になるのはどうでしょうかと言う者、苦学をこのまま継続すべきでしょうか、いっそのこと伝道者を目標に準備すべきでしょうか、等々「先生の指導」をお願いしたいという手紙が頻繁にくるが、これらにひとつひとつ応える時間はない。応えたところで効果が無いことは経験済みなので、意図的に答えず。彼らが「先生の指導」を願うのは、不安定な精神状態にあるための無意味なたわ言なのだ。そうでなければ、「先生」を自分の意見に賛同させるためで、最初から先生の意見を従順に実践する考えは少しも無いからである。養鶏業を長年経営した者は、卵一個の値段が一銭に値下がりしてこそ健全な養鶏が発達すると言った。しかも、たいていの者は学校を卒業すれば月給がもらえることを知っていて、月給は多いほど祝福されたと「信仰」するため、どうにも治しようのない病にかかってしまうのである。

五月十七日（木） 木浦からの葉書に

先日恵贈されました山下信義先生の『如何に生くべきか』は一読後、感ずるところと決心するところが多うございました。真に恵まれて、これを読まなければならない友に今勧めて読ませました。『聖書朝鮮』誌を通して受ける恵みは月毎に新しいのです。咸錫憲先生の「朝鮮歴史」は、なおさら新しい真理の世界に引張って行かれるのを感じます。云々。

咸先生の「朝鮮歴史」をその真価通りに本当に認識するのは、結局、後代の人たちの任務かと思う。各教会は宣教五十周年を祝っている。何が祝いの中心的な意義なのか、我々には理解ができない。それにしても、キリスト教伝来五十年目に、キリスト教的な見地から見た「朝鮮歴史」を書く人が現われなかったとしたら、それはどれほど寂しいことだったろうか。

病院施設もよく、教育事業もよく、文化運動もよいが、このような皮相的なことは五十年待たなくても可能なことであり、やむを得なければ、接ぎ木してもよく借用しても構わないことである。ただ、キリストの御言葉が朝鮮の土地に落ちて、その種が発芽、成長して花を開き実を結ぶには、五十年を要したのであろう。我々は大きな伝道事業よりも、着実な信仰の実を結ぶことをどこまでも立派だと思う者である。

五月十九日（土） 東京留学中の従弟から、

数日前に山下先生講演録と五月号雑誌を受け取り多くのことを学びました。従兄と私との関係が単なる他人であるなら、今述べることはお世辞にとれるかもしれませんが、そうした関係ではない以上決してお世辞とは思えないでしょうし、隠すことのできない事実を述べています。すなわち、兄の文章は日常生活から紡ぎ織られた熱烈な信仰的体験談であり、読み手である私はおのずと共鳴します。先進文明諸国を祖国だと思ってしまい、そこに活動舞台を得ようとする愚かな近頃の朝鮮青年男女に半島の山河を再び思い起こさせ、遂には帰りたい気持ちにならせるほどに充分な朝鮮愛にあふれていると信じます。しかし、私の冷静な心はこのようにはまだ燃え立たずにおり、それ故、感激にしてもあまり深いもので無いことをただ悲しむばかりです。なにとぞ大兄は精力と情熱を冷却させることなく、弛《う》まず白衣の民の更生に邁進されますよう願っています。以上（五月十三日夜）」。

我々は宗教的に熱狂的な方たちとは、どちらかと言えば相互に理解することは難しい。しかし健全な朝鮮の心をもつ人たちとは、互いに一脈通じるものを感じることが多い。時流に乗っても乗れなくても、神と民の前に良心に照らして訴え続けるのみである。

五月二十五日（金） 五山の咸兄からの手紙に、

日増しに暑くなります。主にあってお変わりありませんか？ 兄の健康が気遣われてなりません。くれぐれもご自愛下さい。家族の皆様もお元気のことでしょう。弟は元気に過ごしております。毎日二、三時間ほど労働しています。

と。咸兄は薬水よりも身体を動かすほうがもっと健康に効き目があると、自分の経験を勧めてくれ感謝にたえない。同日また、いわゆる左翼思想のリーダーである兄弟から、肉親の兄弟間の不和の実情を長文にしたため、泣かんばかりにその心情を訴えてきた。およそ古《いにしえ》より伝わる故事によれば、兄弟の場合はたいてい兄が悪漢、弟が善人という話なのだが、現代の我々が目撃する事実はそれと反対の例証だけがあるようだ。むろん、我々が兄たるもの同士で互いに同情し相談するためかもしれないが、私が見聞きした事実で統計をとると、兄弟の場合はほとんど弟が不平人間だ。上記は其の一であり、其の二、其の三、其の四、其の五・・・とすぐ連想が可能なことからみても、できの悪い弟のせいで苦渋をなめる件数は十指に収まらない。弟たちの猛省を促すのみだ。

五月二十八日（月） 昨年十二月、家に男児が生まれて毎日健康に発育している中、最近、市内で乳児審査会があったので参加受診したところ、今日その成績の結果が発表され、数百人の中から最優良という賞状を受けた。

健康と生命、呼吸は全く神様に属していることを信じる信仰に生きる我々は、医学博士の診断をさほど大したこととは思わないが、それでも赤十字病院小児科長・原弘毅博士を審査委員長とした専門の医者たちが、骨格、筋肉、内臓、体重、身長、精神作用など、諸方面で数日間何度も審査した結果、最優良児と認めたという事実は、色々と我々が主キリストに感謝すべき材料を与えられた。

貧しい者で残してやるべき何の財産も無い立場では、健康体であることが格別に感謝であり、アルコール（酒精）が健康に害になるか益になるかと言って識者間にも論議がやまない世の中で、とにかく禁酒禁煙で通して、ここに乳児の健康を証明されることは、父として子女に対する義務（たとえ消極的で最小のことであれ）の一つを果たしたという感謝は大きい。石灰のようにおしろいを塗り、タバコを吸う都会の母親たちの中で、「田舎者！　田舎者！」という嘲笑のただ中で育てられても、第一位という判定を受けて、都市の風習が骨の髄までしみこんだソウルの奥さん方を唖然とさせ、田舎の良さを讃美することができた。男児を生めないことで七去の悪（注・儒教で妻を離縁し得るという七つの条件、不孝、不妊、淫行、嫉妬、悪疾、多弁、窃盗など）の一つだといって私に妾《めかけ》をもらえと命じていた宗家の父兄の真情を顧みずに、多妻主義を排撃するキリスト教的な生活を選択した時、健やかな男児を与えられて、頑固で融通のきかないのもまた感謝の材料となった。しかし、我々に誇るべきことは何も無い。それは、「どんな人間でもすべては与えられることであり、神のみまえに誇ることがないからである。……誇る者は主を誇れ。」（二コリント一〇・一七）。ただ主を畏れるだけである。

○五月末　梧柳洞の宋斗用兄の農場からじゃがいもの芽をもらって条間二尺、株間六寸にして植えた。健康不振のため医師の指示によりふたたび服薬中。

六月

六月四日（月）　二年生百余人と共に、市外清涼里の京城農業学校を見学した。農業で精神作興を図ろうとするのは一種の時代的流行のような嫌いが無くもないが、精神から出発すべきことは単に農業だけではないだろう。万事において技術よりも精神が根本であり、さらに深いのが霊魂問題である。

黙祷、校歌、体操もよい。しかし、宗教抜きの精神運動が、果してその期待する効果を収め得るだろうかと同情を禁じえなかった。多角経営の農業に関しては大いに学ぶところがあった。約三時間の見学を終えて一旦解散を宣言し、更に希望者だけを選んで近くの李圭完翁の農場を見学した。

我々の意見と欲を言えば、農業学校よりは李翁の働きっ振りをもっと見せてやりたかったが、しかし、「豚に真珠」は投げられない（マタイ七・六）。それ故、体の疲れをこらえ、空《す》きっ腹を我慢しながらさらに学びたい熱意のある者だけのため、案山子《かかし》のような多数の人間を淘汰する必要があって意地悪な解散をしたまでである。

李圭完翁は外国のお偉い方が来訪した時でも、「私たち朝鮮人はあなたがたのように立派な応接室に座りこんで接待できるほどの余裕がないので、聞きたいことがあれば聞いて下さい」と言って、鍬で手仕事をしながら応対すると聞いてはいたものの、今日は大勢の生徒の団体ということで、特にホミ（注・草取りや移植に使う農具）を手にしていた仕事をやめて、約一時間ほど講話をされた後、親しく農場内を案内しながら、翁ではない他の人では真似ることのできない貴重な体験を話してくださった。

齢《よわい》七十三だと言われるが、「やってできないことはない」との意気込みが一言一句にみなぎり、子女が従順でないことに憤慨した時には、その叱責する力と熱で土地を耕すのが最も有益だったとのお話しは、おかしい中にも、更にかみしめて味わうに値する深い教訓であった。李圭完翁の所を辞去した後、独り金貞植先生を訪ねて、色々な実話の中で「他の人に慈善を施すのは、施す者の義務としてだけ行うべきで、万分の一でもその報いを期待する気持ですべきではない」との教訓を学んで辞去。清凉里の一日は得るところが多く、身に余る感謝の一日であった。

六月六日（水）　朝鮮博物研究会で委員改選の結果、委員を免ぜられた。これで博物学の第一線から引退したことが知友の間に明らかになり、重荷を下ろしたような気分である。博物学、特に朝鮮の現在の博物学界にあってやりたいことが全く無いのではないが、能力と時間から言ってどこまでも私は学者から学ぶ者であり、先端を行きながら研究する学者ではないことが分かったためである。

私の先生の丘浅次郎博士は、博物学を学んだ者が「転向」して博物学以外の分野に従事する者を非常に忌み嫌って、博物科を卒業した後、心理学博士になった後進に対して「裏切り者」だと言って犬猿の仲となっただけでなく、毎年卒業生を送り出す時はいつも、

摘みたむる　ことの難きは　鶯の
　　鳴く野辺の　摘菜なりけり

と繰り返して、終生一意専心、博物学を研究するように勧められたが、私もついにその「裏切り者」の一員に落伍した。先生の教訓を尊崇しないのではないが、これがどうにもならない私の生き方であったとして自から納得する。かつて、某先輩に、「我々は分類学や解剖学はやむなくするのであり、興味は進化論や遺伝の法則等に注がれる。つまるところ、博物学はより大きな法則の理解に到達するための一段階に過ぎぬではないか」と尋ねた折、「そういう一面もあるが、それは正統ではない。博物学の異端者である。」という答えだった。これも運命なのか。博物学を聖書理解の方便と思っていたが、ついに博物学徒の異端者となり、イエス教に教派や教会などはあるのかないのか無関心のはずが、キリスト教界の異端者となった身としてただ願うことは、正統を尊ぶ

博物学界とキリスト教会の著しい発展と隆盛あるのみだ。

六月十二日（火）　誠意のある某医師からの手紙に、

先生、お許し願います。早々と安否をお伺いせねばなりませんでしたが、怠慢に繁忙が重なったため今日になってしまいました。日増しに暑くなるソウルが想像されます。病院で患者を看護し病を治すだけであれば、この仕事は職業的には困難な仕事ではありません。ですが事業でなく、職業でなく、ひたすら肉を削り血をしぼり出し、生命でもって生命を救おうとすると、我が身はくたびれ心は疲弊してしまいます。しかし、これよりももっと困難な仕事は、先生が主宰される雑誌と手紙を書いて送ることです。私がひたすら願い祈りますことは、キリストのうちに、すなわち、能力を賜わる者の中には不可能なことは無いとおっしゃるその能力の主にお願いするだけです。健康を守られ、さらに力いっぱいお叫びください。先生、まことに有り難く感謝いたします。以前『聖書朝鮮』誌で紹介された本『生活の標準』を読みたいと切望しながら購入できませんでしたが、今回送ってくださったので、感謝の念とともに読みました。それを読んで目覚め、とても大きな力を得ました。願いはこの本を親愛なる兄弟たちに広く読んでもらうことです。どうすれば大量に入手できますか。本代を支払い入手する方法はありますか。その場合の価格は？　今度お時間がありましたら、葉書でお知らせいただくと嬉しいです。信者と教育者にもっと読むよう勧めたいのです。

最後にもう一言述べたいことは、『聖書朝鮮』誌を読む中で心が痛み、また、理由が分からないため気がかりなことは、『聖書朝鮮』誌に投稿する先生方の足跡が徐々に途絶えてしまうことです。各自の理論と主張がどのようであれ、愚見ですが家を建てるには梁も必要であり、壁に入れる藁も必要であるように、甲の眼にはつまらなくとも、それが丙、丁の一人でも救われる一滴の生命の水となるなら、その言葉の価値は大きいと思います。真の雑誌と呼べる雑誌のない朝鮮の言論界にあって、更にいうなら、生命の道を探求する雑誌は「空の星を取る」よりもさらに得難い現在、崔泰瑢先生のものは深い経験をした者のみが感慨を覚え、初心者、すなわち乳児には不適であるばかりか広く読まれないために、人々は崔先生を知る方法がなく、それ故に口伝えで聞いて誤解だけが深まるのです。時間がたてばその誤解は自然に解けることで今心配することではないのですが、しかし、福音を出来るだけ短時間に伝えられる方法があるなら、その方法を取るほうが良いのではないでしょうか。やはり『聖書朝鮮』誌も食べてこそ味がわかるように、読まれてこそ人々に理解され、交わりができ、称賛されるものと存じます。そのため『聖書朝鮮』誌は都会人も農村の婦女たちも読めるように、難しいかもしれませんが、もっと平易な言葉を用いるようお願いします。甚だしくは、信仰的に互いが益となるなら広告することも良いのではないでしょうか。そして、廉価で多数の人々に伝えることができればと思います。そして、すべての信仰の先生方がバラバラに個人の救いのみを、自己の信仰を護ることだけに心を用いずに、少しでも力を合わせて互いに説諭、激励し得たことをもって、弱き者を救うことが最も喜ばしいことだと思います。簡単に言いますと○○にいる数人をみても、どこか偏狭で党派的なようであり、また信仰面でも驕りが見受けられます。今回の〇〇〇先生の件だけ見ても！　しかし誤解なさらないで下さい。私は営業面について考えているのではなく、多数の人々に読まれることを願っているだけなのです。いわゆる日本語の雑誌『キング』のようになることを願っています。先生、妄言をお許し下さい。どうか平安の主がともに先生とあられますことをお祈りします。〇〇〇拝」。

雑誌『キング』といえば、夢の中に出てきても唾棄してやまない代物である。しかし、誰にでもわかりやすい点、階級と知識の高低なく広く読まれる点では、『キング』のようになれという言葉はもちろん、『聖書朝鮮』誌を呪うという意味ではなく、身体と霊魂をともに救済するため、真の忠誠を尽くしている者の心の奥からあふれ出た言葉であることは明らかである。しかしながら、高貴な真理を分かりやすく論述することは、決して容易なことではない。少なくとも三つの要素が具備されねばならないと思う。第一に、神の格別なる恩寵を賜る者であってこそ可能であり、吉善宙牧師や山室軍平氏のような方がそうだ。第二に、信仰が円熟し精通した後に可能であり、我々の言葉と文章に難しい点が多いのは、未熟のためであり、ため息をつかざるを得ない。第三に、ハングルについての素養が豊かであってこそ可能なのだが、言文一致の文章を書こうとすると一語一語に疑問が起こる。漢字には参考にする字典があるが、ハングルにはそれがない。不確かなことよりも確実なことを書こうとするので自然と漢字が多くなる。もともと本誌は筆者達の職業柄もあって、中等学校上級以上程度の学生を主な対象にして語り書くようになるので、どうしても難しくなる傾向になってしまうのだが、平易さを願う気持ちがなかったわけではない。また実際問題として、同一の誌面に多量の内容を掲載しようと漢字を選ぶこともあったが、一方では考えてみると、朝鮮で専門学校、大学に学ぶ者は全人口比例で二万九千二百三十八人に一人、中等学校の学生は千二百三十九人に一人、普通学校では四十二人に一人であるという。全人口の八割が文盲とのことだから、平易化は必要を論じるまでもない。願わくは誌友も筆者とともにこのことについて祈ってくださることを願い、広めることについても他人事と思わずに意見を述べてほしい。力があれば助力を、真心があれば心をこめて祈ってほしい。どんなにしても聖書がこの民の書籍となり、キリストがこの民族の生命とならんことを、皆共に努力されんことを。

六月十六日（土）午後、水原で農作業の見学をする。柳君の案内で、徐氏の養蜂場と農事試験場の園田宗介氏の独特な園芸術に多くを学ぶ。

六月十九日（火）昨夜我が家に泊った誌友が、朝飯前に辞去して寂しかった。在来の風習からしても夜泊った客を食前に帰らせない筈であった。推量するに、私が時間の貴重なことを話したために朝の時間を妨げないようにしたようだが、時間の貴重なことは現代の高官とか紳商たちが会合や宴会に追われて「忙殺」される意味で時間の不足を話したのでは決してない。

社交や享楽などの世俗的な時間は一秒でも節約すべきだが、真理や生命に関することに惜しまねばならぬ時間というものは無い。そこは時間を超越した場所である。主イエスがサマリヤの女と話し合われた時、時の過ぎるのと飢えと渇きを忘れられていた（ヨハネ四章）その度量を、我々も持ちたいと願う者である。

六月二十日（水）現代の教育と神学校があまりにも窮屈で融通性に欠けるので、もう少し自然な立場で学び、もっと積極的に献身・伝道したいと望む青年数人が、全羅南道から徒歩で上京し指導を受けたいと願って訪ねて来たが、「聖書朝鮮社」としては現在そのような指導を充分に成し遂げる準備が整わず、ひとまず辞退した。無報酬で、ただ働かせて下さいたいというのだから、半島の霊界にも曙光が射しているのだろうか。

六月二十四日(日)　生活状況の困難な読者の手紙に、

　貴誌を続けて読みたいと願っていましたが事情が許さず、数か月間中止していましたが、購読を再開できて感謝にたえません。しかし、中止された号はそのまま中断されてもう見られないものと嘆いていたところ、教弟の心情を理解して下さり、中断されていた貴誌をもれなく恵送して下さいました。先生の知恵と愛は、傍で見聞きしていた教友までもこぞって感動感謝しております。

　もちろん、受取った者の喜悦は申し上げるまでもなく、栄光は主に帰するばかりです。不充分な真心ではありますが、貴社が隆盛し、津々浦々の家ごと人ごと皆貴誌を購読して救いの道を求め、三千里江山(注・朝鮮の国土をさす)全部が、信仰生活をする社会になることを切に祈ります。アーメン。

六月五日　○○○

彼は真珠を買うことを知っている者らしい。

某氏の注意で、大阪毎日新聞夕刊に載った徳富蘇峰の小品「英国近世唯美主義の研究を読んで」という短評を見ると、その中にオスカー・ワイルドを評して「もし薄幸の二字に最も合致した人があれば、それはワイルドであろう。彼は決して悪漢ではなく腹黒い者でもない。彼は本来偽善者ではない。彼は真に薄幸児である。彼はむしろ一匹の可憐な虫であり、決して鉄の鞭《むち》で背中を打たれるほどの悪者ではない・・・要するに、彼は軽率軽薄な才子の魁《かしら》である。云々」。読んで痛憤の涙を禁じ得なかった。「奇抜な才能」を蔵していても、一匹の可憐な虫として一生を終えるとは。日本には有島武郎がいたし、朝鮮には誰だれだと。

六月二十六日（水）今日も東京と満州で信仰の道を歩む二人の誌友より嬉しい便り、左記の如し。

其の一、

感謝いたします。先生！ "In the beginning" 「太初（はじめ）に」、小生にとってこの二文字は、先生が齋藤（秀三郎）先生から punctual（時間厳守）の説明を聞き深い感銘を受けたことと同じほど、大きな力になっています。何故か。この一句は小生の生命すべてを占領している、世の中の悲しみ、失敗、迫害などのすべてが大したものではないと教えてくれるからです。この句を思う時に私は成功者となるのです。なぜなら、このような神の子となったのですから（ヨハネ三章）。宇宙万物の創造主、アガペー、ロゴスを父としてその懐に飛び込む特権を得たのですから。在学時から先生の人格と学識をこの上なくお慕いした学生の一人です。仰ぎみることはあっても近づくことができず苦慮しましたが、もっとも貴い先生の中核に向かって、無線の電波のようにつなげられたのです。曰く、「創世記一章を二度も聞いて生命となしたこと」、このことなのです。事実、"In the beginning"のinspiration はその当時、路上でも運動場でも小生たちは In the beginning God created the world, In the beginning「初めに神は世界を創造された」（創世記一・一）を反復したものです。東京に来てさまざまな辛酸をなめながら学んだのは、結局、この聖句をより詳細に学び、いっそう明らかに悟り、ありがたい福音に涙するようになったことであります。ヨハネ福音書第一章一節から今学び、この上ない喜びです。

六月二十日夜　門下生　〇〇〇拝

其の二、

金先生、長い間お手紙を差し上げられず申し訳ございません。商売を始めてから良心の呵責に耐えられないことも多く、意識することなく利欲に走って罪を背負うこともたくさんあります。私の霊はとても疲れています。ですが主の御業を思っています。咸先生の指導と教えもあり、主は今も私の傍におられます。人生を生きることが何故こんなにも苦しいのか分りません。学生時代の信仰は、信仰というより一時の興奮に過ぎなかったようです。今の私は高い峠を越えようとさ迷っている気がいたします。この峠を越えればもっと明瞭に現われるものがあると思います。主が私をお見捨てにならない以上、私は主の御許を去ることはできません。もう少しひっそりと静かに暮らすことができればというのが私の現在の願いです。このために現在の環境から脱け出そうと思います。秋頃に五山に行って恩師咸先生のご指導をいただき、他の道を歩まねばと思っております。青年期は特に指導を受けなくてはいけないと思います。熱しやすく冷めやすいのがこの時期のようです。私の大切な使命を自覚しながらも、ある時は私の本当の目的から脱線した考えと行動をしていることを発見し、一人苦笑することもあります。

山城鎮付近は相当数の馬賊が横行しています。人質に捕らわれることが昨年より頻繁になり、大部隊の馬賊は昨年よりは少なくなったようですが、小部隊の馬賊はさらに増えました。その中に、我が朝鮮民族の馬賊もいるとのことです。独立団だ、共産党だと称して騒ぎまわる朝鮮青年の多くが、馬賊とともに抗日を標榜して盗みを働き着服するといいます。人々は現地人よりも乱暴だといいます。キリスト信者のような真実の勇士はいないものと考えます。馬賊のほとんどがモルヒネ中毒だそうです。冬にいなくなり夏になると出現します。三十、四十人が組をなして横行し、武器もかなり所持しているらしいです。馬賊との連絡役が市内にいるそうです。恐ろしくて城外には一歩も出ません。まして昨年のような事もあり、今年は父が馬賊に捕われそうになりました。云々。

二青年の身の上に、主のご加護があることを祈ってやまない。

七月

七月一日（日） 朝は活人洞教会で礼拝説教し、夕方は南大門教会で青年奨励会のために講話を試みた。後者には幼年時代から忠実に教会に出席している医学博士崔明学氏が司会者だったので、旧友と語るように聴衆に対することができた。

崔博士は幼稚園以来の純粋な「教会人」であり、我々は教会の外で成長した平信徒、あるいは称して「無教会人」である。それ故に互いに付き合う機会も少なかったが、我々の自称熱烈な無教会人たちとの談話の場では、彼ら教会の青年たちの信仰を「低級信仰」と云々して批判した時もあった。だが歳月が過ぎて、教会内にも学識の高い人がいる時代ともなれば、幼い時の信仰そのままである人は稀なようで、教会の外ではアルミニウム鍋信仰（注・すぐ熱くなったり、冷めたりする信仰をさす）が精一杯だ。しばらくの間は熱くても急に冷めてしまう。互いに寂寥《せきりょう》の感を抱くためか、「また来い」といい「ああ、いいだろう」と約束してしまった。

信仰は程度の高低でもなく、ひたすら続けることが貴重なのだということを切実に感じる。ただし、青年奨励会とはいうものの出席者の八割以上が婦女子であり、残りの二割も性は男性だが、白髪でなければ少年たちであるのが残念であったことが第一の感想。楽器と楽隊（聖歌隊）はよく準備され勢いは盛んで、音楽に割当てられた時間が充分なのに反して講師はただ一人であり、時間が三十分に制限されていたのは残念な感の第二。いくら好意的に解釈しても、八割以上の席を占めたモダンガールたちは、音楽会に参加する以上の目的で出席したようには見えなかった。

それはさて置き、済州島や琉球諸島は女人国と言われているが、今日の大教会が、全く女人国の観を呈するのも嘆かわしい事である。

この日、雑誌第六十六号ができあがったが、法規上の手続きが終らず発送できなかった。

七月三日（火）別紙のような要請があったが、夏休み中は農作業のために十分応えられないと返答した。同情はするが、我々の能力以上のことを要求されているようで、求めに十分応えられないのも理由のひとつである。

近頃、小生の霊はとても渇いています。このような時はいつも先生のことが慕われてなりません。どうしてか、どこかがすっかり虚《うつ》ろになったようで寂しくてたまりません。何をもってこの空虚を埋められるでしょうか？　どうすればこの寂しさから逃れることが出来るのでしょうか、まさにのどの渇いた鹿が、谷川の水を求めるように渇きをおぼえるのです。先生、私はどうしてよいかわからず、ただただ喘いでいます。哀れにも汲々としている愚かな霊にご同情ください。先生、夏休みにどこか静かな場所で先生から一カ月ほど聖書を学び祈祷をしてみたいと切実に思っています。お忙しい先生の大事な時間をこのようなことに費やしてくださいとお願いすることはたいへん恐縮ですが、気が急ぐあまり恥かしくもこの有様です。さ迷う一匹の羊の叫びをお忘れなきよう願います。

云々。

七月五日（木）『聖書朝鮮』誌第六十六号がついに水泡に帰してしまった（注・発行停止になったことをこのように表現している）。ただ雑誌が無くなるということでなく、実に断腸の思いで息子と死別することに比べられよう（注・一度発行が停止になったが、問題の文章を三個所削除して、発行される）。

七月八日（日）午前中、梧柳洞集会に出席する。農家として顕著な発展が見受けられ、感嘆してやまない。

七月九日（月）午後、竜山警察署に呼び出されて、『聖書朝鮮』誌七月号に関する取調べに応じた。この日、大阪市で勉強している神学生が訪ねて来て、大阪附近と連絡船などの朝鮮同胞の嘆かわしい状況を伝えてくれた。全然違った民族の状況を聞く感じが無くはなかったが、我々が果たさねばならない責務の重かつ大なることよ！

七月十一日（水）今日から足の傷のため一週間床に臥すことになる。『聖書朝鮮』の出版に関して某氏が来て話し合う。『聖書朝鮮』誌はおそらく第六十五号で幕をおろすこととなり、軽くはない処罰があるだろうと伝えられる。実に『聖書朝鮮』誌の運命は風前の灯のようだ。泣き面に蜂の格好であろうか。ただ聖意《みむね》の成就を祈る外に、私は無能にして為すところなしだ。時に誌友の慰めの言葉に、

「『聖書朝鮮』誌七月号が配布できない」との知らせを受けて胸がつぶれるようでした。我々にとっては大事件が起こったようなものです。甚だ残念で大憤慨でなりません。必ず月初めに

なると送られてくる『聖書朝鮮』誌を待ち焦《こが》れている時、意外な知らせを聞いて、全く失望しました。しかし、最後まで神は勝利の神であるが故に、主のなされることはいささかも失敗ないものと信じています。

先生におかれましても大きな慰めを受けられるよう望みます。ひと月の血と汗の結晶である『聖書朝鮮』誌が、我々の所に来なくなったのは大変さびしいことではありますが、この外的な十字架が内的にはより大きな恵みと生命の源泉となり、これからの霊の事業に大革命が起きないとどうして言えましょうか。不純な人間なるがために神の御業を見られないことを、このようなことを通して見られるようになりますように。そして、さらに神の祝福が豊かでありますように切にお祈りいたします。

七月十八日　足の傷が数日たっても治らず、病院治療を断念し膏薬を貼ってみる。九人家族中七人が病床にあるため、いささか憤怒の念にかられる。健康への感謝を後回しにし、病苦を恨むことに関してはすばやい人間の心の哀れなさまを、自分自身を通してはっきりと見る。

七月二十六日（木）　警務局に行くと、七月号に関する取調の結果、犯罪意思が無かったということが判明したとして、更に続刊しても構わないという意向を聞き、第六十七号を印刷に回した。オーストリアの首相暗殺の号外が出た。世の中は騒々しい。

七月二十九日　日曜日にもかかわらず、終日、印刷所に行き校正する。数日振りの晴天がとてもありがたい。

八月

八月一日（水）　『聖書朝鮮』誌発行に関して再び重大事件が発生し、自発的に廃刊を決心して一旦印刷を中止したが、某氏の助言を聞きそのまま印刷することにした。

八月二日（木） 夜、第六十七号を発送した。今のような状況ならば、これがまさに終刊号であるものと思う方がよいだろう。他の時には見られなかった内憂外患が、重なってやって来るからである。

八月三日（金） 某校の校務主任の先生が来訪して、信仰と学識を兼ね備えた教師を求めて半年あまり苦労しているとのこと。人は多くても真の人間を得ることは困難な時代なのであろうか。

八月四日（土） 宋斗用兄が訪ねて来たので、最近の信仰上の動向について話した。我々は、宋兄の猪《いのしし》のような性格を鎮《しず》めるのに努力してきたが、今や横行していた狐や狼の群れが全てその足跡を隠してしまったので、猪が已むを得ず出動すべき時となったのか。物事の善悪を誰が断言しえようか。ただ信じて行うならばよいのである。

八月七日（火） 最近まで、明け方の火星、金星、土星の諸惑星は見ごたえがあったが、このところ連日の長雨のため眺めることは難しく、今朝もただ雲間に垣間見るだけである。今日午後、英国練習艦隊の水兵と朝鮮OBサッカーチームのゲームが国際試合であるというので、好奇心からバスケットボール部選手とともにソウル運動場で観戦した。試合は朝鮮軍の勝ちだったが、選手の品位には問題があった。

八月九日（木） 十余日間の合宿練習を終わり、バスケット部の選手十余人と一緒に仁川へ海水浴に行く。一年に一日の海水浴なので思う存分遊泳したかったが、一行の中にどうしても水泳のできない者が三、四人いて、その生徒の指導のために時間をとられて思うように泳げなかった。「身体髪膚《しんたいはっぷ》これを父母に受く、敢えて毀傷せざるは孝の始めなり。」と、夏の日に海岸にまで来ても海に飛び込まずに帰って行くのは、まずは朝鮮産の孝行息子だろう。だがこれが二十歳の青年男児であり、それに運動選手たる者の水に対する観念であるのだから、驚かざるを得ない。

雨天では朝鮮人の集会は成立しない、との某校長の嘲弄と、白衣の群衆の集まった所ではホースで水をまきちらせば解散するものだ、という某警察署長の見解は、不幸ではあるが朝鮮の水を嫌う風習をうがって言ったものだ。

合宿の帰りに梧柳洞の宋斗用兄の西瓜畑に寄り、果樹園が全滅するほど食べて、その上、それぞれ二、三個ずつ貰って解散した。

ただし、これは宋斗用兄が養正高等普通学校の先輩であるので、その後輩たちに自分の西瓜栽培の技術を自慢するために招待したものであった。

八月十日（金） 書庫を整理して『聖書朝鮮』旧号も整頓できたので、秋涼とともに新しい働きに着手する準備がととのった。

八月十二日（日） 昨日、楊仁性君が来宅したが、今日は鄭相勳君の葉書が着いた。すべての物事には時があるようだ。

拝啓、お手紙も差し上げずにご無沙汰し、誠に申し訳ございません。ご健勝でいらっしゃいますか、また家族の皆様にも主の恵みが尽きぬことと存じます。つきましては社会主義者として現在、刑務所に服役中の知人がルターの宗教改革史（或はルター伝）、唯心論、哲学史等の本を愚弟に請うて来ました。これらの書籍を貴兄がお持ちでお送りいただければ感謝にたえません。いつも主にあって祝福が恵み深きものでありますよう祈ります。

リンゼー著『ルターの生涯及び事業』という伝記と李鼎燮氏訳の山下先生の講演録二つを送呈し、改宗した社会主義者のために祈願してやまない。

八月十三日（月） 午前中に李鼎燮先生が来社。懇談すること数時間、大いに啓発された。「ムレサネ」（注・「川に山に」という自然・史跡探訪のサークル名）を始めて八年たち、その今日までの経験とパンを水面に撒くごとき出版事業の理論等、一事が万事という思いを強くする。ただ日曜ごとに水辺、山辺を巡ること、このことだけは極めて小さな事のようだが、八年間続けていることは、小さな仕事とは決して言えまい。

八月十五日（水）　今日から水色（注・ソウル近郊の地名）にやってきた。天幕を張ったほどの小さな藁ぶきの家が、落花生、へちま、かぼちゃ、ふくべなどの蔓《つる》が屋根を覆って青々としているのが、詩人でない者にも詩趣を誘わられずにはいられなかった。

八月十七日（金）　毎日、除草と下水補修工事。長い間巻きついていた蔓《つる》から果穀を切り取って収穫することは大変楽しい仕事だ。イエスに悪鬼を退治してもらった罪人の霊魂に思いを馳せながら、雑草取りをするのに、時間の経つのを忘れる。

八月十九日（日）　李先生の招請に応じて大人の「ムレサネ」に同行してみた。男女一行九人。彰義門を出て歴史上関係の深い督迫路地の狭い道、横道を越えて津寛寺でしばらく休み、更に碑峰を越えて僧伽寺に薬泉の水を飲み、月光を浴びながら彰義門に戻って来た。歩きながら互いに話す外に特別なことはなかったが、とても有益なことが多かった。このような堅実なサークルがあることを今頃知り、参加が遅れたのを後悔する。

八月二十日（月）　張道源牧師の手紙が次のようである。

主の恩恵の内に御健康をお喜び申し上げ、貴宅の皆様の平安を祈ります。私はただ今家を離れて巡回中であり、昨日金君の葉書を拝見しました。私の今度の帰国の意味は、金教臣一派との話し合いを決めたいためです。ですから京城滞在期間は無期限です。ひと月でもよく、一生でもよく、一日でも構いません。

また伝道方針、方法、覚悟、計画などに関しては、京城での話し合いの後に決める積りです。私も今いくらかの計画を立てていますが、金君と話し合った後でなくては確定が難しく、そのように金君も考えられて決定するように望み、釜山と京城間で指定する所があれば、状況をみて一日または二日ほど滞在したいと思います。咸鏡線においても同様な考えです。

しかし、金教臣一派との完全な決定があるまでは私はまだ決められません。しかし、私は積極的に乗り出し、飢死などは覚悟することが幾度もあり、既に矢は放たれており、この道で死のうと生きようと、成功しようと失敗しようと従順に従い、貫き通す外ないのです。私は君のことで大いに憤慨した一人であります。とにかく、私の今後のことは金君と話し合った後のことです。だから京城でなすべきこと、または集会ぐらいは金君が随意に決めて下さい。私はそれに従うでしょう。

「金教臣一派」という語句が奇異だった。とにかく重大な提議があるのは確実なので、こうした提議に耐えられるほどの霊的な準備をしなくてはと、この日から特に祈りを始める。

八月二十一日(火)　泣いている子供をやさしい言葉でなだめても聞き分けないので怒鳴りつけ、それでも泣きやまないので一、二度手をあげると更に大声で泣きわめく。もう一度、言うことを聞かぬかと憤激して殴りつけると、子供はもっと泣き叫ぶ。このままでいくと、子供は死ぬまで泣きやまぬ様子である。私は子の父となる資格の無い人間、とりわけ、人の教育者として不適なること甚だしきを痛感した。痛恨のきわみである。人間教育が至難の業であることを悟るとき、私に施される神の教育の至極完全なることと、その恩寵の無限の大きさに目頭がひとりでに熱くなる。
八月二十四日（金）水色の空は明るく、夜は静かな中に考えながら原稿書きの数日を送った。行きかう人の嘲笑のうちに胡麻を感謝をもって収穫し、二列に片付けてみると六十六束であった。
八月二十五日（土）　夕方、五山の咸錫憲兄が開城を経て上京、溜まっていた昔の思い出話が堰を切ったかのように続き、午前一時を過ぎるまで大いに語る。相別れてやっと半年が過ぎただけで便りが杜絶えたわけでもなく、五山とてそう遠くもないのに、我々の出会いは、「友あり遠方より来たる」云々の語ではとうてい全部表現できないほどである。
八月二十六日（日）　約束どおり「ムレサネ」に行き、咸兄も同行。市外の梨花、延禧両専門学校前を通過し、水色の「逃避城」で小休憩して漢江沿岸を遡行、楊花津の金玉均史跡と西洋人共同墓地等を参観して、午後八時頃に帰宅。路程約二十キロ。
八月二十八日（火）　書籍より天然物に親しみたくて英文学を断念して博物科に入ったが、思いもよらない人生を歩んでいることを発見して、一生の勇気を振り絞って、思索と執筆の生涯から勤労と耕作の生涯に、画一的で大量生産する学校教育から個人営業的な私塾の先生として立とうと企図するところがあり、「エフタの誓約」（士師一一・三四〜三九）を神前に立てた結果が今日判明して、いつものように書斎で『聖書朝鮮』誌を作り出すことに満足し感謝してやまなかった。
自分自身の趣向と希望を成就させようとする時には、田園の労働も容易に許されるものではなく、才能の無い者に文筆活動をさせるのもそれぞれ負うべき十字架の道であるものと知る時、ただ黙々とほふり場に行く羊のように従順に曳かれて行く外はない。

「四十にして惑わず」と言うのは正しい言葉である。しかし、我々はまだ惑っているのである。今度のこともその惑いの一つであったし、今日までの生涯で、一身の興亡を賭けて友人との共同事業に参画したことは数回あったが、いつも笛吹く者はいても歌を唱う者はおらず、調子を取る者はいても、踊りを踊る者がいないのを見て来たからである。

青年の心と意志は、中庸の道で薄氷を踏む思いをして世に処するのでは満足できない。むしろ大きな投機を夢見るのである。主キリストも一円の金を地に埋めておいてからそのまま主人に返した人よりも、十円の金をもって活用して二十円にして主人に返した人を賞賛された。ただ一日の生涯であったとしても歴史上この世にまたと無い一生涯の興亡を賭けて責任を負い、一歩を踏み出す所に人生の醍醐味があるのだ。

だから我々は意識的にでも勇を鼓して笛に合せて歌を唱い、調子にのって踊ろうとしたのだった。だがその都度、事ごとに全く失敗に帰したのを見ると、これは我々の企てが十分準備されたもので無かったからでなく、神のご経綸の内になかったためだと判断するより外はない。

今日以後、我々は「共同」とか連合して仕事をすることには興味を失った者であり、万やむを得ないことならば単独で当たろうと思うが、私は自ら進んで事業を計画することは無益にして有害なることを知らされた者であり、言い訳のできないこと、各自に定められて負う十字架の荷を避けようと努力することも同様に無益なだけでなく、むしろ恐ろしいことであることを学ばされた者である。

理想的な教育の実施、産業組合の普及、養畜の急務、理想郷の建設等など、全て吾人の興味を引き起こさないものはないが、摂理は奇異にして我々の最も得意でないこと望まぬことを強要してやまず、先ず当分は『聖書朝鮮』誌に書くことの外には如何なることにも参与しないこととする。

咸興の金晃五氏が開城までの旅行の途中訪ねて来て、夕方金兄を中心にして祈祷会を開いた。兄は三年間も不幸が引き続いた中で得た深刻な経験と切実な祈りを吐露され、慰めようとした者がかえって大きく慰められた。信者にとって霊的な祝宴以上の歓待は無いことを再び悟る。

八月二十九日（水）　朝方、咸兄を西北に、金兄を東北に送り、印刷所で校正。咸兄が『方愛仁小伝』を一度に二冊ずつ買って行くのを見て、我々も一冊買って全家族で輪読した。偉大な女性もいるものだ。各家庭に一冊ずつ備えるべき本である。（一冊二十銭、漢城図書会社販売、本社でも取次ぐ）。

聞くところによると鍾路ＹＭＣＡによく通っていた某氏が、少し前に癩病《ママ》にかかり落胆して帰郷したが、幸い薬が効いて健康を回復したので、今度は余生を癩病《ママ》患者のために献げるために、全南小鹿島に向って出発したという。もし京城府民四十万が皆一度ずつ癩病《ママ》にかかって快癒し、四十万の献身者が半島に広まるとすれば、それも大きなことであるだろう。

九月

九月一日（土）　金晃五兄の手紙に、

その後、お元気でいらっしゃいますか。私は無事に帰宅しました。私は今回の旅行中、諸友より懇切なもてなしを受けました。特に貴兄宅で受けた霊的なもてなしに深く感謝いたします。我々はいたらぬ不十分な信者ではありますが、世の人々とは異なる様子がその集まりにはありました。願わくは、主の恩恵が貴兄の上にいっそう豊かでありますように！　云々。

我々がどれほど情と誠を尽くし歓待したところで、

かえって不満をもつこともあるだろうに。しかし、霊による交わりのあるときだけは、最も奥深いところで互いに慰められることは事実である。職業的宗教家と軽薄な熱狂信者が、初対面から祈祷を強要することを我々は警戒するが、真の信者との交誼はともに祈祷することこそが、互いに最上のもてなしであることを今回も経験した。夏期休暇の四十日を何ごともなさず虚しく送り、新学期を迎えることは苦痛である。四十日と言わず、四十年でもそうであろう。四百年を生きたとしても、為すべきことを成し遂げずして、軽やかな心であの世へと赴くことができるだろうか。その日を思うと恐ろしい。今日の午後、さつま芋を掘る。我々の今年のささやかな農作業はこれで一段落したことになる。午後九時の汽車で張道源牧師が入京。慶尚南道の教友の消息が気がかりである。

九月二日（日）「ムレサネ」（川に山に）に参加。東小門外の孫哥場から出発し、清渓洞で水浴し補国門に登ると、白雲台が簡単にさわれるかのように近くに見えるので、一行に決意を促して無理に登山したためか、雄大な景観を大いに味わったが、日が暮れて暗くなり、帰り道を何度かさまよいながら、ひどい飢えと渇きに耐えて、夜十時ごろやっと家にたどり着いた。

李景雪が女優として朝鮮の地で二十三年間活躍していたが、昨年十二月下旬に死去したとの消息を今日初めて聞いた。三年前とその後の進歩向上には天地の差があったといい、汽車旅行中でも午前四時には起きて歌曲の練習をしたそうで、彼女が自分の仕事に精進する努力の姿は、数多い学校教師や教会牧師の仕事に対する姿勢よりも何倍も忠実に誠意を尽くしたものであった。

我々は日ごろの挨拶である「近ごろどうですか」に対して、「何も変らんさ、昨日も今日も同じで。

ハッハッハ……」という問答に慣らされた紳士淑女たちに、「数千の観衆の視線を自分一人に集中させることは、相当な努力なしにはできるものではありません」と答えたという李嬢の前で、深く反省すべきであると伝える人の言葉を聞いて、芸術に対する観賞力のなかったせいだとしても、社会的一般概念の障壁に妨げられて、名優の存在をその死後までも知り得なかった私の愚かさと固陋《ころう》さを、後悔せざるを得なかった。しかし遅しと言えども、遊女と取税人を友とされたキリストの心情を高く崇める機会になったことを感謝する。

九月八日（土）　開城のT兄が来訪し一泊しながら、『聖書朝鮮』誌が出版法のため被った艱難を慰め激励してくれる。純然たる友情の発露の他に、他意が無い来訪は無上にありがたい。一人の友を失えば、また別の友を一人寄こしてくださる主キリストの憐憫に感激した。

九月九日(日)　京城付近で小規模な学院経営をしながら、素人伝道に従事する兄弟の手紙、下記のごとし。

送ってくださる『聖書朝鮮』誌で先生のご様子をいつもうかがっていますが、お手紙をまったく差し上げず誠に申し訳ございません。この間、聖霊の守りのうちにご健勝にお過ごしのご様子感謝を捧げます。小生もつつがなく過ごせますことは、主がこんな者まで気遣って下さる恩恵と信じ感謝を捧げます。小生はこれまで続けていた学院も五月から当局の命により閉鎖し、家にこもって勉強しています。来年から○○神学校で学ぶつもりです。聖書を読めば読むほど己の無知がさらけだされ、これまで他者に伝道する勇気がよくもあったものだと自愧の念を禁じえません。毎月上旬になると、『聖書朝鮮』誌が待ち遠しくなるのは小生の偽らざる告白であります。

九月六日　　　　小生　　○○○拝

キリスト教徒が共産主義者に間違われることは心苦しいことではあるが、これもまたどうしようもない。ただ伝道に従事する者は、「十字架以外には何ら知り得ること無し」（一コリント二・二）、というパウロ先生の態度に学ぶべきであろう。

この日、数十人の若い生徒たちと共に奨忠壇、南小門、漢江渡船、狎鴎亭里、奉恩寺、良才川を一周して、再び漢江を渡りながら風景を愛《め》で史跡を探り、そして人生を談じた。出かければ出かけるほど、この国土の美しい風景に驚かざるを得ない。先祖たちは永い間、蕭湘八景（注・中国湖南省洞庭湖の南にある景勝地を指す）を称揚し、近頃は武蔵野の秋色とワシントン、パリの郊外を論ずる若人はいても、漢陽（注・ソウルの旧名）城外の風景を誇る人に出会うことは稀である。しかし、我々に言わしめれば、天国の光景も結局ソウル郊外、いや、半島の美しい山や川に似ているのではないかと思う。信じられない人はまず、出会えば出会うほど親わしくなる我々の国土の「川に山に」親しみ近づいて見るべきである。

九月十日（月）　数日前、仁川に住むという者が来訪し、自分もキリスト教信者で、『聖書朝鮮』誌の読者の某々氏とも親しくしているなどと長時間雑談をした後、「実は、お宅の近所まできたので、学生の入学の仲介をお願いします」と自分の息子の学力を紹介するので言下に拒絶すると、今度は某教育家がわがままな子と姪の監督を頼みたいと三銭切手の封書をもって頼んできた。私の監督を心底願うなら、外交辞令みたいな三銭切手の手紙などやめ、手紙を子供の懐に抱かせ、子ども自身を我が家に挨拶に寄こすのが本筋ではないかとの考えを回答したら、この教育家は私の驕慢さが不快極まりないとして、自分の息子を養正高等普通学校から他校へ転学させてしまった。時代は変わった。現在は学生の父兄さえもが我が子を先生に師事させることに満足しないで、教師を我が子に師事させてこそご満悦のようである。私の愚見では、後者の子供の監督を委託するときは、第一に子供が先生を敬い信頼するよう人生の正道と礼節を教え導くことが父母の務めである。同時に、このことが実際に教師の仕事の半分以上を成功に導く唯一の道であり、この基礎工事を欠けば教師の千言万語も徒労に終わってしまうのである。それ故、郵便で送る手紙も無駄な方法といえる。前者の入学の口利きを請う場合は、ついでに立ち寄るのではなく、教育のため万事を差し置き特別に訪問したという誠意が第一である。信仰的関係だといって蜘蛛《くも》の糸のように関係をひろげ、それから様子をうかがった後問題を提出するという策士的行動をするよりも、単刀直入に目的の主要問題を先に披瀝する単純さこそが、目的到達のもっとも近道だと思う。世間の万事が我々の思いと異なるのは、東と西のように隔絶していて、こんなことにも顕著である。今日の咸先生の葉書に曰く、

お変わりございませんか。予想外の妨害にあい原稿が遅れました。今日が発送予定でしたが思うように出来ませんでした。明日にでも送りますのでもう一日お待ちください。申し訳ありません。許してください。九月八日。

たった一日の遅れに、この手紙だ。まことにその真実さ畏るべし。

九月十二日（水） 午前五時ごろ、東方の奨忠壇の松林の上にのろしのようにさし昇る金星の壮観！火星は前方にあり、オリオン座、大犬座、子犬座、牡牛座など、東南の空の盛んなるは形容すべき術もない。

詩篇第十九篇を声高らかに朗読し、讃美歌を喉も

裂けんばかりに響きわたるよう唱う。おおよそ狭苦しい住宅で隣家の匙《さじ》の音まで聞こえる暮しの一つの苦痛は、力一杯、心ゆくまで讃美歌を唱えないことである。隣家にためらいなく自由に、讃美できる立場にある兄弟は感謝すべきだろう。私はひと月に数回ずつ宿直する日に限って、この自由を享受する状態なのである。

この日、無神論者の某友より左記の激励の手紙をもらって、感涙が両頰にとめどなく流れるのをこらえ切れなかった。但し、日本語だった。

九月十日　第六十八号の「城西通信」によると、貴君はさる七月は多難多忙をきわめたようだな。『聖書朝鮮』誌の続刊許可はうまくいきましたか。おそらく君は旧に倍するエネルギーを蓄えていることと推測し嬉しいよ。遅ればせながらおめでとう。『聖書朝鮮』の運命を左右するのは「神」「全能者」であることを君はこれまで幾度も経験をしただろうが、貴重なことだったろう。『聖書朝鮮』続刊に祝意を表すことは、おそらく君にとっては意外かもしれない。「無神論者の彼が宗教雑誌の続刊を喜ぶとは」と。勿論、その面からすればこれは矛盾だ。しかし、私の祝意は他にある。説明するまでもなく、君が生涯の事業として全生命を投入する君の意志、或は精神、——その善悪の具体的内容はさておいての祝意なのだ。あゝ!、君よ、徹底! 終始一貫! 確固不動! これらも決して容易な事ではない。まして、今日のような「非常時」に於いては。発奮されることを願う。「汝の道を進め。そして人々をして言うがままにさせよ!」(ダンテ)。このことは今日のような欺瞞的生活とドン・キ・ホーテ的な生活者層に対しては、一層その意義は倍加される。君が足を負傷し、家族は七人も病床にあると知り驚いた。今はどうですか。みんな、よくなったでしょうか。家族皆さんの健康を念じてやまない。云々　下略。

後半部分では、日頃我々が話し合っている問題について、『聖書朝鮮』誌の論旨に透徹した解明、あるいは反論であった。すべてが有難かった。本誌が最近受けた度重なる艱難について、ある者は近くにいて共に心配し、ある者は遠くの地で情と誠のこもった慰労のことばを送り、ある者は多大の時間と費用を費やしながらわざわざ尋ねてきて滞在し、私の弱さを補ってくれたこれらの兄弟は、言わば、皆一家族だ。これは皆ともに主キリストを信じる者達がこの主筆のためにというよりも、彼らの主キリスト・イエスのために為せることだった。とすれば、彼らは自分の為すべきことを果たしていると見ることもできる。「実際、私心からなしたのではなく、またこのように解釈することなしには、我々はその愛の重荷に耐え抜くことはできない」。また、我々がもっとも憎んでやまないのは無神論者であり、彼らを撲滅せずには我慢できないのがエホバの神を信仰する信徒であるので、互いの情義と理解が相通じるとは夢想もできなかったことである。又、近頃は『聖書朝鮮』誌の発刊は、その主筆の名誉心を満足させるためだと放言する者もあった。その人が外部の人でなく、もとを言えば、かっては同人で創刊号から共に執筆していた人だけに、我々はますます深く反省するとともに、とても落胆せざるを得なかった。『聖書朝鮮』第六十八号までの毎号が、その全頁が、これすべてが主筆の名誉心によって成るものとみなす者が一人でもあり、その人がかって、『聖書朝鮮』誌に関係があったことを思うと、私は次号を執筆する勇気が出なくなってしまった。事実、ペンを何度も執っては落としてしまい、主キリストに提訴せずにはいられなかった。公平無私のお方が左右、是非を明確に審判なされる時まで、『聖書朝鮮』誌を停刊して待とうと思わないではなかった。しかし、無神論者の右の一通は、再びペンを執るに充分な力を与えてくれた。全キリスト信者に無視され、同人から嘲弄されようとも、代表的唯物論者一人の支持があれば充分である。所謂《いわゆる》「過激主義者」一人に読まれ、その批判を受けるためにも『聖書朝鮮』誌は続けねばならない。しかし、何よりも不思議でならないのは神の御旨である。万事を通して我々の視線が至誠なる玉座に集中することはやむを得ない情勢とはいえ、無神論者とともに主を賛美するとは、なんと悲痛なことであろうか。

九月十六日（日）　鷺梁津の六臣墓から新林里の川辺を歩きながら、譲寧大君の墓と姜甘賛の落星垈などの史跡をたずねたが、道のり約二十キロ。

今日、素人伝道者の手紙に、

崔炳禄氏と約束通り十日の夜から十四日の朝まで、隣接地の蘇莱面新川里に行き、集会をして帰って来ました。教会堂もまだ無いところですが、信者が三十人にもなり、比較的興味ある集まりでした。夜には八時から講話、早暁には四時から祈祷会でしたが、大変熱心でした。ところが、実際のところ兄弟のためよりも有益なことが、小弟自身にありました。空虚な霊、飢え渇く魂が充足と同時に満足を得られました。大兄、とにかく、我々は何よりも祈るべきものだと信じます。お互いに多く祈りましょう。朝鮮の霊たちは信じる信じないとを問わず、明らかに皆求めております。

同感である。緊要なるは祈りである。

九月十七日（月）　咸北道の慶源牧場から手紙。

謹啓。主の限りない愛が先生のうちにいつも共にあり、すべての信徒による大きな助けが共にあるようお祈りいたします。私は六日午後にソウルを出発し、七日午後、この羊牧場に無事に到着しました。この牧場は駅から三十里ほど山道を登らなくてはなりません。途中に小川がいくつもあり履き物は脱いで渡ります。このように交通はとても不便ですが、大財閥が経営するだけあり、莫大な金額を投資して道路は牛車が通れるようになりました。詳細は後日申し上げます。急ぎ申し上げますことは、ここに牧童が十余人おります。しかし、ハングルも知らないので、彼らと、また可能であれば近所の子供も集めて夜学を始めたいと切実に思いました。そして、彼らを少しでも読み書きができるようにしたい気持ちでいっぱいになりました。先ず、ここの牧童から始めたいのですが、私には教員生活の経験がなく、着手する方法が分らず、また標準教科書が必要ですがそれも無く、東亜日報社に直接啓蒙運動で配本した本を少し請求しようと思いましたが、先生にお願いしたほうが良いと考えお願いいたします。都合のつき次第、参考になるものを送って下さるようお願い申し上げます。普通学校の教科書を購入するにも四十里かかり、交通の便も悪いため先生にお願いする他ありません。できるだけ早く送ってくださるよう切にお願い致します。非礼を省みませず、このような便りを差し上げ申し訳ございません。

〇〇〇　拝

笑い話に「犬の目には糞だけが見える」(注・犬は好んで糞を食う。何かを編愛すれば目に見えるものすべてがよく見えるの意)という。「生きた人には生きた仕事だ」と私は叫んだ。実に兼備した思考、奉仕精神を内に秘めており、人間至るところに大事業あり。羊飼いをしに行った者に意外な事業が用意されていることを知り、この依頼に対しては滞りなく協力してやまない。

九月二十二日(土)　平壌刑務所から送られた金亨道氏の手紙、左の如し。

信友　金兄！　長い間、通信が出来ませんでした。この間、いつも共におられる我が主イエス・キリストの恩恵のうちに、お変わりなくお過ごしのことでしょう、今秋の新学期も若い生命を耕すためにどんなにか尽力なさっていることでしょう。また崔泰瑢兄が新たに着手された主の事業である神学塾はどうなりましたか？　小弟は思わぬことで昨年八月に捕われの身となり、海州地方法院（裁判所）からさる八月十一日に三年という不条理な判決を受け、控訴して平壌へ来ました。ここに来てもう二週間になります。ひたすら全てを主に委ね、事件が主の御旨のままに正しく解決されることを祈りながら、来るべき日を待ち臨んでいます。事を起こされたのも主であり、事を成し意のままになさる方も主である神であるように、人はただ主の聖意に絶対服従、信頼するだけです。小弟の現在の考えでは、控訴審判決が不利と出れば上告するつもりですが、これは私の意志がそこにあるためではありません。（ミカ七・一九、参照）

金兄、『聖書朝鮮』誌は恩恵と真理の下にあって変わりなく継続されていますか？　とても懐かしいです。願わくは、昨年の合本に余部がありましたら、一冊送ってください。数人の信友らの同情の中にひたすら聖書を読む生活を送っています。けれども、小弟の四人の家族がどんな暮らしをしているのか分からず、ただただ死か生かを、主の御手にゆだね祈祷するのみです。私の受ける苦しみがあまりに深いので、いっそ死んだほうがという気持ちもありますが、これも主のお許しがなければ出来ないことです。そのため、あらゆることに主の聖意《みこころ》があらわされ、達成されることを祈るのみです。信仰によって、信友諸氏の祈りに力を得て、未決十三カ月間が無事に過ぎました。主に感謝を捧げ、私が死ぬ者と定められた呪われた息子であるなら死を賜わり、そうでないなら、再び起してくださると信じます。人間に望みを持てないこの罪人、まさしく私は主の御前で罪を犯した罪人なのです。いかなる言葉をもってしても弁解できない罪人です。罪を云々するなら死んで当然ですが、寛容な恩恵に力を得てなお生き続けていますので、恩恵にさらなる恩恵を施されて、この罪人に主の御旨《みむね》が顕わされることだけを祈ります。今回のことでは主が共にいらっしゃらなければ、もうすでにこの世に私は存在していないでしょう。主はいつも共におられ、手を差し伸べ慰めてくださり、未来を祝福してくださって感謝のあまり泣きました。主は、今も昔も、今後も億万代にまで変わることなくおられますので、我々もその内にあって変わらずにいましょう。アーメン。聖徒の皆様にひとしくよろしくお伝えください。

このように獄中にあっても、キリスト教信仰に燃える熱心な者の罪名が共産党員になったことという。昔から不思議なことは、イエスをキリストと信じること。ただ神学塾云々は本当にすまない。彼は未決となって長期間収監されているため、神学塾が発表どおりに進行していると思い、祈祷を続けている様である。

九月二十三日（日）「ムレサネ」。清涼里で待ち合わせて中浪橋を通過、忘憂を越え東九陵に参拝。永興の芝が雑草のように茂る太祖陵下で薬水を飲んで一行の英雄心をうるおし、英祖大王陵下では王后金氏の卓越した逸話を話した。曰く、花は綿花の花、一番高い峠は麦峠、一番長いのは道、軒先の落水跡で瓦の枚数を計算なさったと。メンタルテストを受けられた年齢は十五歳直前だったとのことで、いっそう敬服。金谷街道の柳の日陰を通るときは、楊州牧使（注・高麗、李朝時代の地方長官）洪泰潤氏の功績がおのずと話題になり、墨洞の梨圃と長安坪の穀倉庫を眺める時は、話しはおのずと産業に戻ってくる。

今朝、集合時間までの空いた時間を見計らって清涼里の金貞植先生宅を訪問すると、病床にも関わらず、かえって日・露の緊迫した情勢について論じられ、朝鮮人の自力更生の道を唱えられるのを聞いて驚かずにはいられなかった。今日の大学生の話題は一に恋愛、二に高等文官試験、三に就職活動である。その関心の違いは天地の差！

九月二十八日（金）　齋藤又吉氏の意外な来訪に感激してやまない。隣人とは誰かと、再びルカ福音書第十章を黙想する。夜は、活人洞区域第二回集会に、約十余名の婦人が出席。サムエル記下第二十章を輪読し、私の感想を述べる。

九月三十日（日）　十月号の準備がまだ出来ていないことを、夢の中でH兄が怒っているようだったのは、私の怠慢を責めてのことだろうか。雨の中を「ムレサネ」。東小門、植松里、梧峴、樊里、越溪里の裏山、倉洞駅、道峰里、枕㗛亭まで。豪雨ますます激しく、天竺寺行きを断念し帰途に着く。男女基督教青年会の夏の集会の消息は天下の異聞、寒心きわまりない。

十月

十月三日（水）　きょうで、私の生は一万二千二百二十二日となる。

十月五日（金）　開城に遠足。善竹橋畔で「預言者の墓を建て、義人の碑を飾り立てる」（マタイ二三・二九）という聖句を考えさせられた。忠臣は二君に仕えずと教えられた鄭夢周先生を、李氏朝鮮で何故に尊崇されたのであったか。退渓（李滉）や栗谷（李珥）や尤庵（宋時烈）などをすべて、誰が崇拝しているのであろうか。

十月七日（日）　北漢山行。王冠のような北漢山は仰ぎ見れば見るほど半島の栄光であり、シナイ山のような仁壽峰は、近くで見れば見るほど厳粛である。今日の路程は約三十五キロ。年下の友と胸襟を開き話すことで、疲労も快復して元気いっぱいになる。

十月九日（火）　書斎のオンドルを修理してから約一カ月目、今日からようやく住めるようになったが、まだ書籍は散乱状態。咸兄の便りに、

長らくご無沙汰しています。すでに着くはずの『聖書朝鮮』がまだ着かず、何ごとかあったのではないかと、とても心配です。もしや健康が優れぬのでないか、雑誌に事件が発生したのではと、待ちわびております。ご健勝でいらしゃいますか。お子達も健やかですか。私は変わりありません。原稿を今から送付しますが、やや分量が多いため、事情によっては二回に分けても構いません。姜先生の文章も送りますが、他は余白が無いようですので、次号に回わそうと思います。私の紹介文は、小活字で適当な場所に入れて下さい。私の学校ではこの期間中、三、四名の教員が同時に退職し、非常にごたごたしました。最近、後任が赴任し、やや落ち着きを取り戻しました。授業開始の鐘の音が鳴っても、生徒たちが席につかずに教室を出入りするので、悪戯《いたずら》にしてはひどいことをするものだと思いました。兄よ、主にあってご健在でありますように。

来月号の原稿は着いたが、まだ今月号を出せないので、焦燥感にかられていたたまれない。

十月十日（水）　早暁四時の空には驚いた。詩人で

もない者も詩心を感じてしまった。一日中印刷所で校正して、夜十時に帰宅。

今日張牧師から来た手紙に、

先日、京城滞在中はお会いできず電話だけで終わりましたのは、甚だ遺憾に思います。帰宅したので手紙で詳細を申し上げましょう。私は金君の人格を今でも疑っています。十一月号の『聖書朝鮮』誌の原稿は中止します。草々。

しかし、張兄は美濃ミッションを脱退してから、非常な覚悟で活動中であり、兄弟が慰めを受けるべき立場にあることは無論である。

十月十一日(木) 新聞はスペイン革命とユーゴ国王の暗殺等の記事を満載。世間は文字どおり殺風景。

十月十三日(土) 幾多の曲折を経た後、第六十九号が今日検閲を終わり、大急ぎで印刷、製本。今夜発送まで終わる。

待ち切れずに問い合わせの手紙が何人かの読者から来たが、その間返信も出さず、待っている人たちには済まないことをした。

十月十四日(日) 光陵に行く。陵としては最も完備しており厳粛な陵である。植物学研究者にまたとない実習場になることはずっと前から聞いてあこがれてきたが、紅葉の景色の趣きがこんなに驚くほどだとは、今日見て初めて分った。錦繡江山(注・美しい国土の表現)という言葉は、光陵を見た後でなければ使えない形容詞である、と言われるのも当然である。楓岳という名称が、金剛山よりも光陵の方が一層ふさわしいと思った。雨中に強行軍すること約三十余キロ。

十月十六日(火) 飛行機病にかかって養正高等普通学校を第一学年で中退した一少年を、学校に戻るよう指導できないものかと思い会おうと試みたが、彼は来春、飛行機学校に入学するとき学校に立ち寄り私の話を聞きに来ることと、来年の秋季に二等飛行士となり故国訪問飛行するとき、誰よりも先に汝矣島にきて歓迎してくれることを期待するという返事があった以外は音沙汰がないので、もはやこちらに何も手立てがない。彼は天才であり、私だけの老婆心なのか。

十月二十日(土)　数日前に着いたある誌友からの葉書下記のごとし。

主の恩恵により先生におかれてはご健勝あらんことを。小生にこの間、多少の変動もあり極めて緊張した生活を送っています。ところで、我々の『聖書朝鮮』誌がまだ届けられないのは何故ですか？　今回はとりわけ待たれます。なにか事故でもありましたか？　先生の都合で発行が延期されたのでしょうか。とても心配です。それとも何か変事があるのでしょうか。近く大革命が起こりそうです。主は御旨のままになされることでしょう。先生にお目にかかって帰宅後、私は念願を達成するため最善を尽くすべく準備作業をしています。どうしても先生に何事があったのか切に知りたくてなりません。今後も小生をいろいろと指導してくださることを信じています。

これには葉書で返事したが、折り返しその葉書についての回答が下記の如し。

感謝します。先生が御恵みにより書かれた葉書は、久しく停滞していた小生の魂を余すところ無く揺り動かしてくれました。アーメン。そうなのです、実のところ不明の道をさ迷いながらこれを掴もう、あれを掴もうかと苦悩し煩悶を重ねる私に、力強く活き活きした言葉を頂き、また、生きた生命が私の心の奥深くに宿されたことを固く信じます。ハレルヤ、ハレルヤ。まさしくそうです。先生が下さった御言葉！　神が下さった御言葉と受けとめ、私の魂は躍ります。キリストに向きあってこそ呼吸ができ、はじめて生命を得る者たち、即ち、キリストの僕《しもべ》にはきっとこの言葉は爆弾になると信じます。「あまりあれこれ事業を計画せず、ただ一つのことに専心しなさい」との言葉、また、「繁盛している仕事よりも人気の無い仕事に従事せよ」との言葉、この神の御言葉に撃たれた小生の魂は我を忘れました。ひたすら神の御前に頭を垂れてアーメンと言うのみでした。私にも向かうべき道が鮮明に浮かびました。夢路にさまよい迷路に煩悶するのみ、そこに埋没してしまう大変な危機にあるこの哀れな魂を主は憐れに思し召し、このように力強い生命の言葉を下さいました。私の救い主、主イエスさまを讃美いたします。私の霊は、この言葉によって確実に活きた生命をいただきました。感謝申し上げます。ただひと言、この言葉を頂けただけで感謝いたします。お言葉をより深く学ぶつもりです。

十月二十六日　〇〇拝

先生、感激があまりにも大きいために繰り返しになりました。お許しください。

葉書であれ真理が記録されるなら、大文章となることを知る。我々は互いに有益なことが少なくない。

十月二十一日（日）　冠岳山に行く。普通学校（注・小学校のこと）二年生である八歳の女の子も登山して、登山客からたくさん賞賛を受けたが、最近北漢山、冠岳山などには、多数の老若男女が列をなして登山するほどである。

咸先生の「朝鮮歴史」を読んで批評する言葉に「それは文士の史料をただ並べた文章ではなく、実際現代文で書かれた預言書である」と。これは最も深く本書を理解した人の実感であろう。また曰く、「『聖書朝鮮』誌を現在よりも平易な文章で書こうとすることは、無理なことである。平易化するのにも限界があるので、深い思想はやはりそれにふさわしい文章によってだけで表現されるものだ」と。これは、自ら執筆した経験のある人の言葉である。

十月二十二日(月) 本号の、咸先生の「朝鮮歴史」は八ページに達するので、指示に従って二回に分けて載せようと思ったが、分けると血が出そうで三分の一の誌面を使ってそのまま全部を掲載した。また、姜翁の文章も一刻も遅らせてはいけないので、今月号で誌友に読んでもらおうとして掲載したものであり、楊先生の論文は年内で完結予定だというので、第六十六号の原稿を先に掲載して来月号に継続するようにした。そのために、李賛甲兄の玉稿と主筆の旧約研究はやむを得ず来月号に延ばした。

十月二十三日(火) 広告が下手な『聖書朝鮮』誌は神の摂理のまま、愛する友人の手から友人の手へと渡されるだけで充分である。この度結婚式への特別な招請があったにもかかわらず祝電さえ打たず、一枚の葉書とて送れずにいるため、愛の負債だけが増え続けるのを心苦しく思う。結婚式が無意味だと思ってのことではなく、ただ多忙という理由による。最近、遠方から訪ねてきた某親友は、停留所まで見送らない私を冷たいと責めたが、責めを甘受するほか仕方がない。我々も五里、十里を遠いと思わず送迎する、かつての郷村間の厚い風俗が美しいと思わないではないが、ソウルから離れた交通の不便な場所に暮らしているので、訪ねて来る友人を一人ひとり駅まで送迎することは実際、不可能なことである。また、誰それを駅まで、誰を電車までなどと格付けもできない。それ故、初回だったり荷物が多かったり、切符を買えない老人、幼児を送迎する以外には、親疎、上下の区別なく等しく門前で見送ることで最大の義務を果たすものと定めた。もともと我々は周公とは異なって傲慢極まりなく、『聖書朝鮮』誌を発刊するために、この程度の傲慢さは認められるものと、自ら特許を与えたのである。手紙への返信を出さないのも同様の特権によるもので、誌友は特にこの事情を了解されるよう希望する。

十月二十四日(水)　農村の小さな公立普通学校で誠実に教育に従事している訓導から、左記のような手紙をもらい非常に困惑している。

久しく手紙を差し上げず、誠に申し訳ございません。謹んで晩秋晩菊の候、ご健勝のこととお察しします。(注・先生を)篤くお慕いいたします。小生はおかげさまで無事に勤務しており、幸いに存じます。長い間、ご無沙汰しましたのは雑事に追われてのことですが、私の怠慢を、何とぞお許しくださるよう切にお願い申し上げます。歳月は流水のように流れ、小生の教員生活もかれこれ二年になり、「タイム　イズ　マネー」の格言そのままです。二年余の農村生活でいろいろと得ることは多いのですが、近頃は職員、学生数の多い学校で、力いっぱい努力して手腕を振るってみたいと思っています。農村のため農作業については学ぶことがありますが、その他の見聞はひとかけらも進歩的なところがありません。決して農村が嫌になったのではなく、どこも一長一短かと思いますが、職員数の多い学校で若い時に多くのことを学ばねばと痛感します。最近は、農村学校も一部落を指定して、卒業生指導、共同組合等を指導するとともに、興農青年団を指導するようになりました。学校教育の意義を幅広く解釈し、ふたたび簡易学校が増設されています。前述した小生の希望も先生が可否を判定、批判、教示してくださると感謝この上もありません。このような希望をかなえるためには、何をすればそれが可能なのか、恐れいりますが一度、ご教示くださいますよう切にお願い申し上げます。最後に先生のご健康をお祈りします。非礼をかえりみず手紙を差し上げました。最近、数学の勉強をしてみましたが、三角法に至っては分からないことが多く難題が多いです。

十月二十三日　　　　　　○○○上書

田舎に必要とされのは善良な教師と医師。個人の修学のためには、都会が都合よいのは事実だが、彼のような優良な教師を失うと農村の損失は大きい。「温故知新」、「刻苦勉励」の彼のような人物に向上心をあきらめさせることはできぬが、しかし、都会への進出は所謂《いわゆる》「官界遊泳術」の秘法なしには叶えられず、人生の悲哀はこれから始まる。どうしてもと言えば、願いを成就することは可能だが、小事を得て大事を失うのではないかと憂慮される。

十月二十八日（日）午前九時、梧柳洞に行く。宋兄宅の集会に出席する。付近の農作物の出来映えは前年に劣るが、應谷だけは特に豊作だったといい、鶏卵のように山積みされた秋の収穫は人を羨望させてやまない。但し、このような好成績を単なる兄弟たちの技術と勤勉に帰すべきではないことを自覚することが、秋の収穫の感謝であると述べた。

十月二十九日（月）夜九時頃まで印刷所で校正。安否を案じてくれた大阪にいる関西神学校の李君の手紙左記の如し。

先生、神の恩恵の下ご健勝のことと存じます。ご家族の皆様もお元気ですか。先生とお別れしてすでに二ヵ月になります。早々にお手紙を差し上げられずお許し願います。小生は先生が祈ってくださるおかげで、変わりなく過しております。

十月十日頃に第一期試験が終わります。（以下十六行略）小生はこの機会に大切なことを学びました。風速六十メートルの風がわずか十分か十五分間吹いただけで、人間の無力さをはっきりと教わりました。人間が最も誇りとし、最も自慢とする二十世紀の科学文明が余すところなく破壊されるのを見た時、人間社会とはまるで幼児がいたずらをしているようなものだとの印象を抱かざるをえませんでした。電信柱が十余個も倒れたのを生まれて初めて見ました。とにかく大阪一帯は、地面に立っているものはことごとく破壊されました。その中で多数の朝鮮人の生命も奪われました。この最中にあっても天父の保護により、客地にいながら無事であり感謝の気持ちがいっそう湧きました。又、小生の頭によぎったことは、罪悪極まりないソドムとゴモラの如き現今の社会状態でした。罪悪と不義が大手を振っている社会は、エホバに背反してすでに久しいこの社会、真に悔改めて義と愛が支配する、子供と蛇と猛獣が同居できる平和な社会になって、ソドムとゴモラの禍を免れることを祈らずにはいられません。先生、乱文乱筆ですが小生の所感も交えて手紙を認《したた》めました。なにとぞ先生の霊肉と『聖書朝鮮』誌の上に、主の恩恵がいつも共にありますことをお祈り申し上げます。非礼を省みずこれをもちまして筆を置きます。余不備上書。

十月三十一日(水)　本誌の旧号を読んだ人の感想から、我々が何を書き続けてきたかを悟らされた。

私の敬愛する先生の健康と多幸を祈ります。ご多忙の折、小生がお願いした書籍を送っていただき感謝いたします。神様が本代を下さったので、別途振替で二円を送金しました。今夜、創刊号の数頁を読みながら本代をお送りしたことが、とても恥ずかしく思われました。創刊号一頁だけでも、小生の全財産すべてを捧げても惜しくないと思います。あゝ、貴重な本、なぜ世間の人は理解しないのだろう。私の持つすべてを送っても惜しくはないと知りながら、割引定価で送りますのでご笑納ください。

連日校正するがまだ終わらない。在学時にもっとも快活かつ健康だった相撲部の選手から、卒業後半年して届いた最初の便りは左記のごとし。

金先生に申し上げます。この間、お変わりございませんか。ご家族の皆様もお元気でいらっしゃいますか。こちらの数家族も変わりなく、L兄も無事に過しておりますのでご安心ください。先生、養正高等普通学校の校門を出てから一通の手紙も出さず真に申し訳ございません。しかし先生、人間の運命とは実にアイロニカルなものです。又、人間はその生涯の瞬間瞬間に遭遇する運命には逆らえないのかもしれません。この間、私は生死の境をさ迷いました。さる六月十八日に急に発熱して日増しに症状が悪くなり、父母の必死の尽力の甲斐無く、七月五日に仕方なく道立病院に入院しました。入院後の診察で、急性流行性脳脊髄膜炎と判明しました。あゝ！　これは恐ろしい病気ではないでしょうか。私も家族も驚き、伝染病棟の一室に入院した私をみてただ嘆くのみでした。入院して二日目の七日から、私は意識不明になり昏睡状態に陥りました。・・・その後、ようやく目が醒め意識が戻ったのは、入院して二十七日目でした。この二十日間に、二回も訃報が村々に伝えられたといいます。担当の博士も死は免れぬといって、東京のS兄宛てに帰郷するよう電報を打ち、同時に父はL兄に棺を購入させたと後になって聞きました。そうこうするうち天運なのか私の心臓が強いためか、入院日数六十六日目の九月九日に退院できました。しかし、もともとの病気が急性で死病のため、現在も脳が痛み脊髄が疼きます。ほんの五分も読書できず、手紙も思いどおり書けません。この手紙も三日間かけて気分の良い朝食の後に書いたものです。いつ全快するのか、毎日病床に横たわっていると死んでしまいそうで、人生の第一歩でこのような辛い目にあい、さまざまな思いが去来します。これまでに手紙を差し上げられずお許し下さい。養正高等普通学校の諸先生にもよろしくお伝え下さい。乱筆にてご無礼をお許し下さい。

十月十六日　　〇〇〇　拝

人生に死ということが無いなら、まことに本誌のようなものも無くても良いだろう。

十一月

十一月四日（日）　李先生の導きにより、午前十時に市内明治町天主公会堂でのミサに参加する。善男善女の宗教的気分を助けるにはこの上ない施設と儀式だが、このようなものがキリスト教であるなら、少なくとも私自身はキリスト教徒にはならなかったし、反宗教運動への参加も自然な成りゆきであったろう。しかし、芸術的見地からすれば、美術展覧会を参観するより確実に有益で損は無かった。特にあの七十九人の殉教者の肖像からは息遣いすらも聞こえるようであった。公会堂を出て往十里から龍馬峰、蛾嵯山を越えて「ムレサネ」。一行三十三人。路程約二十四キロ。

十一月五日(月)　本誌の旧号を受け取った馬山の某訓導（注・小学校教員）から、

キリストの愛によりお送りくださった『聖書朝鮮』誌五十九冊と、恵みあふれる手紙を感謝の思いでいただき、主の御前に頭を垂れました。渇望していた宝物を無償でいただく喜びは計り知れず、感謝を言葉では言い尽くせません。今やっと願いがかない、『聖書朝鮮』誌を思う存分に読める喜びは、私にとりましては実に食事以上の満足であります。最後の一頁一句一字まで精読し、真理と生命、真実の道を見出すつもりです。そして伝えようと思います。おゝ主よ、『聖書朝鮮』誌を祝福したまえ。主が願われる真の手紙を書かせたまえ。末尾に、主筆先生のご健康をお祈りします。これをもって失礼いたします。

十一月一日　　　　○○○　拝上

願わくは二千万同胞皆が、このような心で『聖書朝鮮』の文章を受けとめて、益せられんことを願って本誌を創刊したのであった。しかしながら、購読者はごく少数に限られ、発行者としては寂しい心持ちがしないでもないが、これが天国の宴の本来の属性である。やはり定められた義務を果たしながらも、「価なく受けます」という慎み深い者だけが、我々の友であるようだ。

十一月十一日(日)　養正高等普通学校の生徒百四十名と一緒に北漢山に登る。西大門から登り、亞門から道寺を通過し牛耳洞へ下山。これで今秋三回目。すでに露積峰には氷雪がみられた。数回、登ってみると、白雲台のささやきは登る度に異なり、仁壽峰のささやきは時にはその調べを変える。四十万の京城人口の中で、この霊山に耳をそばだてる人は多からず、教育を受けた男女も北岳山と北漢山を識別できず、三角山の三峰を指すことができない知識人が少なくないことも、我々には無用な発奮材料になるのである。

十一月十二日（月）　仮小屋風に客間を改造する工事が今日までかかって完成し、部屋二間が増設された。一昨年の冬期聖書集会の時から願っていたことがようやく許されたのだから、聖書集会のような特別な場合には、遠来の誌友たちをこの部屋に迎えることができるのは一つの喜びであるが、普段はここに学生を寄宿させ、彼らと起居を共にすることができたらと、もう一つの望みがここに成就した。

ずっと以前同志たちと協力して、私設の寄宿舎または「塾」を開き、五里霧中でさまよっている修養期の学生たちと心情的に、または、知的に密接な交わりの機会を得ようと企画したことがあった。皆の協力によってやろうとしたので容易に実現できなかったが、今やっと単独で我が家に二部屋を増設することで実現できた。

他人の子弟を指導することは困難ではあっても、それでも養鶏、養蜂に比べたら楽なことである。共同生活に多くの興趣があり、その中で少なからぬ教訓を毎日発見する。「出必告反必面」（出る時は必ず知らせ、帰った時は必ず顔を合わせる）の舎訓を守ることに、彼らは初めはしばらく面倒がるが、間もなく古い教訓に理由があることを見い出して、感謝するようになるのはお互いに喜びである。各人各様の性格を監督する時、初めて自分の子女に対しても寛大となり得るのも大きな収穫である。

大体、自ら寄宿を希望して尋ねて来た者は教えなくても自ら学ぶもので、父兄の懇願によって寄宿して気を使わさせる者は、不満だけが残るものであるようだ。

我々は灌漑をする農夫にほかならない。もう少し部屋を増したいが、一度には実現し難い。画一的に大量生産する機械的な教育では人の子を養育できないことは、今は万人が共に知る事実である。可能ならば、家庭でこのような小さい私塾を開き人を育てる楽しみを享有し、また、信仰生活の証しをしてはいかがだろうか。

十一月十三日（火）　温突《オンドル》の修理などによって、夏以来板の間に散らばっていた書籍を書斎に整頓すると、貧弱なこと話しにもならない書斎であるが、それでも自分にとっては、むしろ八十八艦隊が完備されたような感が無いではない。

　人々は書斎よりも天然の大なるを讃えるし、読書よりもいかに生きるかの方が大事だと言うが、これはもちろん一面の真理を正しく言ったのであり、ある種類の人間に対して警句にならなくはない。しかし、これも実際に書籍の価値を無視せよとか、読書をなおざりにしてよいという意味ではない。果たして書中に千鍾粟（注・『韓国無教会双書』第2巻十三頁を参照）があるかないかはまだはっきりしないが、昔から教育と修養の業の大部分が読書することであったことはまぎれもない事実だ。

　天然を見ることも、先人の偉大な芸術観と豊かな詩情の薫陶を受けた後にこそ、その観察は深くなり高くなるのである。信仰も直接キリストの啓示によってこそ生きたものとなるのであるが、広く読書しないで霊感にのみ頼る伝道者の「新学説」には、害を被ること再三であった。

　他の人はいざ知らず、神学校の門をくぐることなく聖書雑誌を発行しようとする者には、誰が何と批評しようとも書籍は欠くべからざる武器であり、書斎は唯一の砲兵工廠である。我々に知識がなければ無いほど、また、書庫が貧弱であればあるほど、その書斎に待機している一巻の書籍の役割は重大である。その中の一冊または二冊がその元の位置に置かれてなければ、これはちょうど、編成された艦隊から巡洋艦または潜水艦一隻が欠けたも同然で、司令官の作戦計画に大きな蹉跌を起こさずにはおかない。

　私の小さい書斎にも内憂外患が絶えない。我が艦隊の機微を察しないで巡洋艦一隻でも借用して、長時間帰還させてくれない友がいるのが外患であり、書斎より台所を広め、書籍を買うよりも家具をそろえることが急務だと、家計上のもめごとの起こるのが内憂である。

十一月十六日（金）　庭に井戸掘り工事を始める。

十一月二十日（火）　高城の金成実兄が訪ねて来る。咸鏡道方面への旅行の途中、京元線でわざわざ往復する訪問だというから、文字通り千里の道を遠しとせず来たのである。全てのことを皆後回しせざるを得なかったが、真に「幸いなるかな　主の御名によって来たる者に」である。

十一月二十四日（土）　井戸掘り工事第七日目、十六尺（四・八メートル）に達して岩のすき間から南北に一筋の水脈が噴き出た。岩盤を貫いて湧きでる泉の水は見ただけでも壮《さか》んで、感謝である。

今日満州から次のような手紙が来た。

聖恩の中で平安であられ、信仰文書伝道に更に一層の努力をなされ、『聖書朝鮮』誌が朝鮮二千万の魂の灯台となられるように祈ります。『聖書朝鮮』の創刊号から五号までと第三十一号から五十九号まで送って下さったのを、二日前に郵便局で受け取りました。しかし、教務に忙しい身のため、直ちに返事できなかったこと申し訳ありませんでした。

私は『聖書朝鮮』誌がどこかの教派の人の主宰でも、または主筆の思想でもなくて、真理それ自体を明らかにすることを、その最高の目的とするところに真実なる敬意を表します。朝鮮に信徒が三十万いるといい、キリスト教雑誌としては普通千部以上出ているものも多いようですが、『聖書朝鮮』誌の読者が意外に少ないことには驚かざるを得ません。信者の家庭に趣味の雑誌『別乾坤』、『新女性』はあっても、純福音主義的な宗教雑誌が見られないのは真に慨嘆すべく、また残念なことだと言うべきであります。

『聖書朝鮮』誌の発行部数が少ないことを気落ちしないで下さい。そうであればあるほど一層更に勇気を出して下さい。ヨハネ福音書第六章六十六節を想起いたします。最後にお願い一つ。「聖書概要」は外の題目の分とページ数を連続されないように、独立したページとして掲載して下されば、別冊として製本するときに甚だ便利でありましょう。

一九三四年十一月二十日

○○○　敬具

彼はある教会の伝道師だといい、まだ会ったことのない兄弟であるが、彼の考えはこのようである。私たちが称するところの無教会主義というのは、このような思想をいうのである。教派根性を捨てて、ただキリスト中心に生き、真理を真理だと判別できるような人ならば誰でもよろしい。この兄弟は別に「山上の垂訓研究」も十余冊を注文して、満州で信仰生活をしている人々に配布しているとのことだ。推量するに、満州は霊的にも実戦地であるようだ。だから都会に栄転運動しようとする考えも、教派同志の嫉妬心も持つ暇が無いようだ。

安逸な半島で、盆栽的信仰に偏狭で融通のきかなくなった信徒は大いに反省すべきだ。北に進出するか、そうでなければ彼らを援助することで、信仰の実戦に参加して祝福を受けるのはどうであろうか。咸錫憲先生の「朝鮮歴史」を読んでから既に一年になるのだ。

十一月二十五日（日）「ムレサネ」。西大門外—鞍山—白蓮山—弘濟院。養正高等普通学校生徒のみ二十余人、その他に五、六人同行。暖かい晩秋の山野は、特に鳥のささやきが多いように思われる。

十一月二十六日（月）　井戸掘工事を終った。ここに我々の「ヤコブの井戸」ができた。修理、増築、井戸掘まで我々の陣営は人がそろえられた。元来我々はこの世では旅人にすぎない者であり、また現住所での生活も何時《いつ》引っ越すかわからない生活なので、万事その日暮らしであったのを、咸先生の「朝鮮歴史」講話を聞いた後から、我々は生活態度をがらりと変えることにした。先祖伝来の、姑息的で朝三暮四（注・目先の違いに捕らわれて、本質的に変わらないという事実がわからないこと）的な病根を捨てて、たとい明日この世を去ることがあろうとも、今日の生活を百年の大計をもって企画する心積りである。

もちろん、元来ゆとりのない生活であるからこれは気持だけであり、一挙に期待が実現できないことは言うまでもない。できたことと言えば、井戸の他に台所と便所をセメントで固めただけである。偶然であったが、工事の順序もよくできたことを感謝。台所、便所、井戸と。

十一月二十七日（火）　また『方愛仁小伝』の注文を受けた。誌友でなくてもこうした小間使い的な働きはいくらでも構わない。十月から二ヵ月たらずで本社が取次いだものだけでも、おおよそ三、四十冊あった。我々がこういう本の取次ぐのをやめない理由は、本誌創刊号「漢陽の娘たちよ」（注・『韓国無教会双書』第2巻、二〇頁を参照）に記録された通りである。各家庭に備えて読書すべき本で、とりわけ男性が読んで、わが女性の真価を再認識すべきである。もちろん今後も取次ぎの労を惜しまないだろう。

十一月二十九日（木）初雪　今月は月初めから、まるまる一ヵ月間風邪に苦しむ。まだ調子が悪い。しかし、毎日、時間を盗むようにして校正。今夜は九時半まで印刷所で校正した。

十二月

十二月一日(土)　ニューヨークから Bacon's Essays 一冊が寄贈される。クリスマスが近いが、意外な贈り物に戸惑う。朝鮮に在留していた宣教師が、帰国後も我々を記憶していてくれるとは少しも考えなかったからである。

十二月二日（日）「ムレサネ」。孝子洞―北岳―孫哥場―東小門。途中、徐雄成氏の農場で、四十余種の命令を理解する東洋一というシェパード犬の訓練技術を見学する機会があり、学生ともども驚嘆する。犬一匹が時価約千余円であるそうだ。

十二月六日（木）　城西通信に発表されることを畏れる誌友の便りの一節は次の如し。

　先生が送って下さった『聖書朝鮮』誌は、いつも感謝して受けとり読みました。しかし、それがどれほどの感謝すべきことか知らずに、ただ一字も余す所なく読みました。しかし、先生、今になって神様の偉大なる絶対的愛、経綸、その御旨を悟りました。そして『聖書朝鮮』誌の中に込められた先生たちの大いなる叫びを悟りました。ああ、今や暗黒の幕は開き、光明の光りは輝きます。嬉しいです。真の喜びを感じます。

十二月七日（金）　疲れが積り積った結果なのか、今朝ついに脳貧血症になり、起床できず欠勤して静養。「願わくば健康が岩のように、日夜休むことなく仕事ができますように……」と願ったが、私のような怠け者には、虚弱なことも少なからぬ幸福であることを病床で学んだ。健康でありながらなすべきことを果たさなければその責任は自分にあるが、やっていて倒れて果たせないなら、自分の責任ではない。体は弱く横たわってはいるが、心には尽きない満足と感謝が溢れた。「わたしが弱い時にこそ、強いからである」（二コリント一二・一〇）というパウロ先生の聖句が、自然と自分のものとなり唇からこぼれる。医師は当分の間絶対静養を命じるが、まず、さし迫った義務は避けられず困ったことである。

今日は長男正孫の初誕生日を祝うために、宋斗用兄が訪ねて来てくれて感謝。夜にやっと『聖書朝鮮』

誌第七十一号を発送する手筈が整い、封筒の宛名書きを始めた。約一週間無駄に遅れてしまったことは読者にも済まなく、主筆である自分自身に対しても同様である。

十二月九日（日）　連日、無為の日。漢方薬でなくては病根を退治できないと、二十包三十円四十銭の高価な薬を処方された。ふだん薬知らずであった者にとって、これは最高の記録である。

十二月十一日（火）　偶然の機会に、朝鮮鉄道局『局友』十一月十五日号の「朝鮮思想運動概況」という一文を読む。

第一期　民族主義と萬歳騒動（日韓合併から一九二一年頃まで）

第二期　民族、社會両主義者の提携（一九二二年から一九二六年頃まで）

第三期　新幹會（注・一九二七～三一年に活動した朝鮮の民族統一戦線組織）と學校騒動（一九二七年から一九三〇年頃まで）

第四期　共産主義者の潜行的運動（一九三〇年から現今まで）

筆者が朝鮮総督府警務局保安課事務官であるだけに、詳細かつ系統も整然としている。読み終えて、我々の伝記を読むような心地がしたのが、感想の其の一であり、朝鮮共産党が他国の共産党よりも特異なところがあると知り、キリスト教も朝鮮キムチの匂いがするキリスト教になってはならないということはなかろうというのが、其の二。

十二月十二日〈水〉　新聞は「輸移入新聞雑誌の強力な統制具体化」（注・輸は外国から、移入は内地（日本）からの導入）との表題下に、今年度の統計表を掲載した。禁止された新聞雑誌だけで二百三十余種、輸入新聞の押収千四百十四件、移入新聞の押収八百四十二件、朝鮮文新聞の押収二十八件。その外、朝鮮内で発行の雑誌の削除四百二件、単行本の削除百八件だと報じていた。なんと多い数字であろうか。同病相憐れむなり。

十二月十五日（土）　満州からの便り、

主の御恵みにより平安であられますように。送付された『山上垂訓の研究』十冊を受け取りました。太平洋の海底をさらうような深遠な妙味を、出会う人皆に伝えたいというのがありのままの私の気持ちですが、この貴重な冊子を半額で勧めることや、贈り物として無料で差し上げられない私の気持ちは、とても辛いものです。藩海線清原駅前〇〇〇氏にクリスマス前に一冊送ってください。代金は私があとで計算してお送りします。読みたいという人は多いのに、在満朝鮮キリスト者の青年の貧しい生活ではこのことは許されません。

近い将来、我々のマケドニアに向けて、聖霊に導かれて道が開かれることを祈ってやまない。

十二月十六日（日）　学校で当直。身体の危険を冒しながら早暁三時ごろまで執筆して、新年号の準備がほとんど完結した。昔のことは忘れてしまったが、今年一年間に一度でも、連日の徹夜なくして『聖書朝鮮』誌ができ上がったことはない。この一号を出すことができれば倒れても構わないとの決心なしには、『聖書朝鮮』誌ができ上がったことはなかった。しかし、また一方では極めて気楽である。世に生まれたのは事業をするためではない。『聖書朝鮮』でもこれを事業として、所謂懸命に競い合って戦おうとするのではない。我々はただ十字架を仰ぎ見さえすれば、人類の一員として生きて行く権利を持つ者である。

もしなすべき事業が私にあるとすれば、学校教師の役目を忠実に果すことであり、それで社会の一員たるの義務は皆果たしたことになるわけである。『聖書朝鮮』誌発刊のような仕事は誰の付託を受けたのでもなく、監督されることでもない。発行日は遅れても仕方なく、廃刊されるとしても体面に関わることはない。ただ押さえようとしても制止できない衝動によって、やむを得ずなすことである。たとえば、そこに「遊戯」という要素が多分に介在していることは事実である。だから焦ることなく、あたかも日曜ごとに川に山に逍遥する人のように、ゆっくりと休まず回るだけである。

今日、中学時代に共産主義学生のリーダーと見なされ、この学校あの学校とたらい回しされていた青年から、

送って下さった『聖書朝鮮』誌をうれしく読みました。病床で呻吟する自分には、少なからぬ慰めとなりました。なお咸錫憲氏の「朝鮮歴史」は、かって学校時代には全く聞くことができなかったことで、新しい興味が次々と湧いてきて、引き続いて読んで見たいと思いました。（中略）私は御心配をおかけしましたがお陰様で大部回復し、只今は単に神経が衰弱して気力が衰えているだけです。来年の晩春までには快癒できそうです。L兄は「リンゴ売り」で有名です。毎日五時半からリンゴ売りに行くのに大騒ぎです。非難する人もいますが、これもやはり「無用な興奮」に過ぎないものなのでしょう。

無宗教、または反宗教人に『聖書朝鮮』が慰めとなるというのは意外であったが、咸先生の「朝鮮歴史」が「かって学校時代には聞くこともできなかったことであり」というのは、虚心坦懐な心を持ってこれを読む朝鮮人であれば、誰もが感じ取らねばならないことである。

専ら教派心にこり固まった心だけが、真珠を見ても石ころだと蔑視するのである。事実、我々はキリスト教を信じるといっても、多数のキリスト教徒とは到底言語と思想を互いに通じ合わせることができ

ない。しかし、所謂反宗教人たちとは、たとい根本的な違いによって双方の完全な一致に至ることはできないにしても、互いに一脈通ずる感がなくはないのは奇妙な現象と言えるだろう。第一、彼らは衣食のために主義を宣伝する人ではないので、何よりも正直である。よしんば自分側に不利な結論に至ることがあっても、正しいことは正しい、と発言するほどの自由があり気概のある人たちである。

十二月十八日（火） 新年号の校正が始まる。年末の集会のために、特別早く発行したいからである。

十二月十九日（水） 連日、学校で第二学期末試験の試験監督と採点。夕方から夜十時半まで印刷所で校正し、午前零時近く帰宅する。小人だが閑居できず、ひとまず不善も無かったと思う。

十二月二十日（木） 学校で試験監督の責任をはたしてから、印刷所へ行って校正また校正。今日我が印刷所の植字科長は、仮印刷した校正紙を卓上に広げながら、はっきりと言った。「『聖書朝鮮』二十四ページは、他の雑誌六十ページ分よりもっとしんどい……」と。続いて支配人からはその理由を説明して印刷料の値上げの申し出があった。六号活字をたくさん使用すること。組版と校正をきびしく見ること、用紙と印刷に注文がこまかいこと、目次のページから版権欄に至るまで余白を残さないこと等々、このような難物は創業以来全く初めてであったと言うので、ひたすら恐縮するばかりである。現在でもなお、用紙から活字の印刷の鮮明度などに注文したいことが少なからずあるが、現在の朝鮮ではこの程度以上の優秀さはまずは断念する他に手だてはない。凡ての事がその社会と歩調を合わせて進歩することを切実に感じる。印刷術の発達がない社会では、どんなに努力してみても高級雑誌（あるいは著書）は出現できそうにもない。

十二月二十一日（金） 朝鮮人口の二千四十三万百

八人中、文盲者が千五百八十八万八千百二十七人であると国勢調査の結果が発表された（昭和五年十月一日現在）。嘆かわしいことだ！　文字会得者がわずか四百五十四万九千九百八十一人。このうち『聖書朝鮮』程度の漢字交じり文を理解する人は百万に満たないと。この数字を見ても、福音をこの民衆に伝えるには、平易の上にも平易に書くべきなのだが、当分は容易に改められず、はなはだ嘆かわしい。ハングルだけを理解する人は三百十五万六千四百八人なので、これが朝鮮読書界の中堅層である。

十二月二十四日(月)　第二学期成績表の作成が完結した。担任した組に優等生三人、そのうち一人は平均九十三点、二人は九十一点だ。その一人は比較的幼い時から病身でありながら、いつも毎朝四時半に起床し、努力した結果このような成績をあげたのだから、畏れ敬うべき人物である。教師の称号をもつ立場が限りなく苦しく恐ろしい。後進畏るべし。

十二月二十五日(火)　例年のように明け方にクリスマス聖歌隊が来訪。感謝と歓喜のうちに迎えて送る。

十二月二十八日(金)　全羅北道高廠高等普通学校の校長金宗洽氏が訪ねて来て、いろいろ話を伺い聞いたことで考えさせられることが多かった。

一、前校長沈駿燮先生が永年の病苦にもかかわらず、真実な意味の信仰の闘士として生活されたとのことで、後輩の勇気が倍加することは当然。

二、現校長に至るまで創立以来、歴代の校長が全員キリスト者という理由を尋ねたら、その設立者である枡富安左衛門氏が無類の篤信者であった事実を知り、讃美が自然に神に捧げられる。彼のように徹底した信仰の人は、水原で聞いた乗松雅休《まさやす》氏とともに二人目である。結局、神の御心を行う者が、私の兄弟であり親戚なのだ。

三、「校長ともなれば手腕が必要だと言うが、一体手腕というのはどんなものですか?」と私に尋ねる金宗洽校長を、校長としてもつ学校は幸福な学校だ。彼はただ胸襟を開いて誠心誠意尽す外に策略を知らないから、天下の偉観というべきである。世の中も案外わかっていて、正しく責任を担えるほどの人物に学校の重い任務を負わせたのはよいが、学問好きの君に俗務が煩わしく多くなるだろうことが憂慮される。

四、東奔西走の身である金校長はもちろん、我々の冬期聖書集会に参加できず別れを惜しんだ。考えるに君も学生時代以来、私の聖書研究会の主要な一員であったし、一昨年までは全州からわざわざ上京して参加した。その外にも、良かれ悪しかれ多忙な地位に出世して、聖書研究会のように時間をとられることには参加できぬようになった友は一人や二人だけではない。

今や最も力不足の者、未熟な者数人が残り、少数の兄弟と共に歴史を勉強し、福音書を講じていることを考えると、自分自身を嘲笑したくもある。しかし、我々は志願して選んだ道でもないから、導かれるままに行く外に別の方法はない。君を送った後、夜十二時すぎまで謄写板を刷り、冬期聖書集会用の「マルコ福音書研究」の目録を製作完成する。

十二月二十九日(土) 眼覚めてみると今日は冬期聖書集会の始まる日だ。準備もまだできぬまま、心を静めて聖霊のお導きを祈求するのみ。午後三時の汽車で梧柳洞に向かう。

以下、集会記録は集会が終わった後送られて来た柳達永君の便りの中にあるので(注・『聖書朝鮮』第七〇号に「冬季聖書研究会記」として掲載している)、私の日記では略す。これについての柳君の言葉は下記のごとし。

金先生、一日でも早くお送りせねばと、帰宅当夜から引き続き書いて、ようやく今夜書き終えました。何度も手を入れましたが、読むと変わり映えしません。先生の負担を少しでも減らせればと苦心しましたが、文の区切りをつけるのも、一行を書くことも難しかったです。少し先生のご苦労が理解できました。

一月二日夜、先生のご健勝を祈りながら。

柳達永　拝

柳君は現在、水原高等農林学校に在学中であり、彼が養正高等普通学校一年に入学した年に私が彼らの担任に任命され、彼らの卒業を見送った。彼は在学五年間の学業は最優秀であり、その心情の健実さ、誠実さを他の者に紹介しようとすると、いつも先に瞼が熱くなり言葉を続けられなかった。今回の集会記録も私が書くつもりが、病床の友のために真剣に筆記する彼の態度をみて、私は自分の筆記を断念した。筆記の腕前もそうだが、不自由な友を思う心根と愛情の結晶は、とうてい他の追従を許さない気迫だったので、その生気あふれる記録を一般読者にも読んでもらおうと、柳君に無理にお願いして書いてもらった。読者もこの経緯をご理解ください。

また誌友から、今回の冬期聖書集会について送られてきた便りが数通あり、左のごとし。

満州から。

拝啓、集会に集まり聖書研究をされる皆様の上に、神の御恵みがありますようお祈りします。特別に満州にいる哀れなわが民族を忘れず、篤く祈祷してくださることをお願いします。

十二月三十日　〇〇〇

豆満江の河辺から。

厳冬の候、諸先生の健康を祈り、聖会中に主の恩寵が共にありますことを、聖霊のお力が皆様方の信仰の上に共にありますことを祈り、最後まで歓びと讃美のうちに神の真理が豊かに注がれますよう謹んでお祈りいたします。

咸北　慶源郡　〇〇〇

鴨緑江の河辺から。

今年は必ず参加したいと切に願っていましたが、とうとう実現しませんでした。ただ数日前の夜、夢うつつの中で参加しました。もどかしい思いにかられながらも慰められたことは、主が貴聖会のために、私にも祈ることをお許しになられたことです。自由で生命あふれる集まり、小さな集会だが本当は大きな集会、真理と歓びで溢れる集まり、真に真実の集まり、霊に忠誠を尽くす集まり、主だけに信頼を寄せる集まり、神の御力により力強い集まりであることを祈ります。キリストがご自身の真の御姿をお隠しにならず、顕わされることと信じます。少数でありながらも、皆様方は世界を相手として立ち上がったガリラヤのあの漁夫たちのようになって下さい。新年の最初の日、天からの強い力に引き寄せられている一人の無名の信徒〇〇〇は、謹んで会員諸氏に御挨拶申し上げます。

仁川からの便り。

（やむえない事情で集会途中に退去した兄弟）

主イエス・キリストのうちにこの罪びとを愛してくださる諸先生、この間、ご健勝でいらっしゃいますか。集会に注がれた恩恵は、どれほど豊かなものであるでしょう。しかしながら、諸先生には真理探究のため、肉体的疲労がどれほど蓄積されていることでしょう。目に浮かぶようです。弱き膝を屈し、全能なる我々の父なる神の前にお祈りをささげるだけです。あゝ先生、小生が貴き集会を中座しここに来たことは、疑いもなく、乳児が乳を失ったことに変わりありません。第一、私の記憶から今も去らないことは、咸先生の歴史講話の時は、後部座席に生命の主が座られ励まされていることを確かに感じました。そのことは今も私の記憶にはっきり残っています。父なる神よ、この山河の罪悪を燃やし尽くされるまで、小さき集会に不滅の神の真理と救いの炎を限りなく注いでください。

韓国無教会双書4　日記1
―一九三〇～一九三四年―

発行　二〇二一年四月二五日
定価　二〇〇〇円（+税）
著者　金教臣
訳者　金振澤・他訳
発行所　キリスト教図書出版社
〒189-0021　東京都東村山市諏訪町一-二三-一三
振替　〇〇一四〇-〇-一九二二七七番
電話　〇四二-三九二-一八八八番

韓国無教会双書（全 9 巻　別巻 1）

第 1 巻	＊信仰と人生　上		（金教臣）
第 2 巻	＊信仰と人生　下		（金教臣）
第 3 巻	山上の垂訓		（金教臣）
第 4 巻	＊日記 1	1930-1934 年	（金教臣）
第 5 巻	日記 2	1935-1936 年	（金教臣）
第 6 巻	日記 3	1937-1938 年	（金教臣）
第 7 巻	日記 4	1939-1941 年	（金教臣）
第 8 巻	信仰文集　上		（宋斗用）
第 9 巻	信仰文集　下		（宋斗用）
別　巻	＊金教臣――日本統治下の朝鮮人キリスト教者の生涯		

（＊ キリスト教図書出版社版の復刻）

本双書は当初キリスト教図書出版社から刊行されたが、同社創業者・岡野行雄（1930-2021）氏の死により全 10 巻構想のうち 4 冊で中断を余儀なくされた。その後、岡野氏と皓星社創業者・藤巻修一の生前の交友により皓星社が構想を引き継いで残された 6 冊を編集し、既刊と併せて装いを新たに出版することとした。

韓国無教会双書　第 4 巻

日記 1　1930－1934 年

2023 年 12 月 25 日　初版発行（キリスト教図書出版社版の復刻）

著　者　金教臣
訳　者　金振澤・他

発行所　株式会社 **皓星社**
発行者　晴山生菜
〒 101-0051 東京都千代田区神田神保町 3-10
宝栄ビル 6 階
電話：03-6272-9330　FAX：03-6272-9921
URL http://www.libro-koseisha.co.jp/
E-mail：book-order@libro-koseisha.co.jp

印刷　製本　精文堂印刷株式会社

ISBN978-4-7744-0807-1